이 책은 . . .

아는 만큼 보인다고 했다. 간과하고 지나갔던 수많은 것들이 이제는 보이기 시작한다. _채준병(23)

법을 준수하며 이 시대를 살아가는 우리에게 꼭 필요한 이 책이 지금에야 출판되었다는 사실에 슬픔을 느끼는 동시에 용기를 내어 집필한 저자에게 고마움과 박수를 보낸다. _조수현(27)

무조건 읽으십시오. 그래서 마땅히 당신의 것이었어야 할 권리를 찾으십시오. _손권(25)

지금껏 내가 아는 법은 법이 아니었다. 법에 대한 신랄한 비평과 명확한 비판들이 속을 후련하게 해준다. _정찬건(37)

지금까지 우리는 '모든 국민은 법 앞에 평등하다'는 거짓말에 속고 있었다. 당신의 생각을 완전히 바꾸어버릴 책! _김경현(26)

우리가 몰랐던 1%의 성공 비밀, 그것은 99%의 것을 빼앗는 데서 시작되었다. _문창국(28)

그간 왜 우리 국민이 국회를 비판해왔는지, 국회는 또 어떻게 우리를 기만해왔는지 제대로 알게 해준다. 좀 더 지적이고 합리적인 비판이 가해질 때 우리나라를 바꿀 수 있을 것이다. _성우창(24)

아, 법(法)은 물(水)처럼 흐르지(去) 않는구나! _이효종(40)

법에 대한 신뢰가 무너진 이 시대에 이 책을 통해 다시 '희망'을 조심스럽게 이야기하게 된다. _이승기(30)

법이라는 우상의 동굴에서 꺼낸 진실이 독자의 가슴에 수놓아질 최고의 책! _오명원(27)

당신이 법에 무관심할 때 법은 당신을 괴롭힐 것이다. 이 책을 통해 조금이나마 법에 대한 관심을 갖게 되기를 바란다. _이정현(26)

우리나라의 법률체계상에서는 당신이 판사라고 해도 결코 올바른 판결을 내릴 수 없을 것이다. _박해준(28)

법 공부하는 사람들에게 쾌감과 전율을 선사할 것이다. 우리의 일상에 침투하는 매력이 가득한 책이다. _김경희(25)

인생의 길이 담겨 있는 책이다. 우리가 미처 몰랐던 법의 현실이 우리의 마음을 움직이고 있다. _노명재(27)

이제껏 피상적으로만 알았던 입법 과정과, 그 속에서 일어나는 놀라운 사실들이 흥미를 더한다. _이승남(26)

'나는 법 없이 살 사람'이라고 자부하는 사람들에게 경고 메시지를 보낸다. 사건 중심의 이야기 전개가 법의 세계에 푹 빠져들게 만든다. 그러면서도 법에 대한 희망의 끈을 놓지 않도록 한다. _양향림(25)

현실에 대해 깊이 생각할 수 있는 능력을 갖게 해주는 매우매우 감동적인 책이다. _고영우(25)

왜 법을 알아야 하는지를 알려준다. 대한민국의 법에 담긴 의미와 현실을 깨닫게 해준다. 법에 무지한 사람일수록 꼭 읽어야 할 책이다. _정승준(23)

불편한 진실! 이 시대의 '법 없이도 살아갈 사람'들에게 던지는 저자의 날카로운 메시지들! _우종운(23)

정의가 사라진, 상식이 거세된 우리나라 법의 빈틈을 적나라하게 드러내는 책! _이진호(23)

알맹이는 모른 채 껍데기만 가지고 비판해서는 결코 정의를 바로 세울 수 없다. 이 책은 우리나라 법의 가면 뒤로 깊숙이 침투하고 있다. _홍혜미(21)

우리 주변에 일어나고 있는, 일어날 수 있는 많은 사례를 제시함으로써 몰입도를 높이고 있다. 멋진 책이다. _노민다르(23)

당신을 위한 법은 없다

당신을 위한 법은 없다
There is no law made for you

범죄 유발성 형법과 법의 유통 권력자들

박영규·류여해 지음

꿈결

책을 시작하며

　처음 류 박사가 이 책을 함께 쓰자고 찾아왔을 때 나는 드디어 올 것이 오고야 말았다는 생각에 바짝 긴장했다.
　30년 넘는 시간 동안 딴 곳에 한눈팔지 않고 오로지 '법'이라는 외길을 걸어왔다. 법을 공부하고 가르치면서 때때로 어떤 한계를 느끼고는 했는데, 그것은 비단 나뿐만이 아니라 거의 모든 법학자들과 강단에서 제자들을 가르치는 법학 교수들이 직면하는 한계이기도 하다.
　그 한계란, 법이라는 세계가 대단히 불완전하다는 사실에 기인한다. 과학이나 수학은 어떤 자연의 절대적인 법칙을 따르고 있어서 인과관계가 비교적 뚜렷하지만, 법학은 시대의 흐름과 사회의 변화, 국가가 처한 상황에 따라 시시때때로 변화하는 탓에 법을 다루는 사람들 역시 혼란에 빠질 때가 많다. 법은 이와 같은 가변성을 숙명으로 하기 때문에 법을 통해 정의를 실현하기 위해서는 원칙과 상식, 보편적 가치라는 단단한 지지대를 잊지 말아야 한다. 법은 이 원칙과 상식, 보편적 가치를 「헌법」이라는 최고 법에 명시해둠으로써 가변적인 법이 움직일 수 있는 반경을 제한하고 있는 것이다.

하지만 현실에서의 법이 항상 원칙과 상식에 기초해서 만들어지는 것은 아니다. 익히 알다시피 국가의 지도층이 균형감각을 상실하면 법 역시 공정함을 상실하고 만다. 우리는 그리 오래되지 않은 역사 속에서 그런 일들을 경험했다. 잘못된 법을 가르친다는 것은, 그릇된 위정자들이 악법을 강요하는 것만큼이나 부당한 처사이기에 그 시기 대부분의 양심 있는 법학 교수들은 비탄에 빠졌다. 그렇게 무기력했던 시절에 우리가 기대할 수 있었던 것은 지금 이 시간 우리에게서 가르침을 받고 있는 학생들과 일반 시민들의 정의감뿐이었다. 법을 공부해서 정계와 사법계 등으로 진출하게 될 제자들이 훗날 흔들리지 않는 정의로운 사회를 구현할 아름다운 법을 만들어주기를 희망했던 것이다.

그로부터 시간이 많이 흘러 우리나라는 민주주의를 실현했고, 경제력도 갖추게 되었다. 입바른 소리 했다가 꼼짝없이 잡혀가던 시절은 지나갔다. 하지만 아직도 우리 사회가 가야 할 길이 까마득히 멀게 느껴질 때가 더러 있다.

어떤 사회의 건강함을 진단하는 척도는 공직자들의 청렴 정도, 교육의 질, 정치의 공정함, 부의 균등한 분배 등 여러 가지가 있다. 나는 여기에 법의 성숙도를 추가하고 싶다. 왜냐하면 어떤 법이 만들어지고 있는가를 통해서도 그 사회의 건강함을 판단할 수 있기 때문이다.

이 법의 성숙도라는 척도로 우리 사회의 건강함을 진단하면 과연 100점 만점에 몇 점의 점수를 받을 수 있을까? 감히 말하건대, 그리 좋은 점수는 받지 못할 것이다. 그만큼 우리나라에는 잘못된 법이 많다. 이것은 근본적으로 법의 체계가 잘못된 것에서도 기인하지만, 더 큰 원인은 법을 만드는 사람들이 때때로 법의 원칙과 상식을 파괴하고 있기 때문이다. 이렇게 법의 원칙과 상식을 파괴함으로써 그들은 도대체 무엇을 기대하는 걸까? 이 글의 서두에 밝혔던 '긴장'이란 바로 이 질문에 곧바로 답하지 못하고 우물거리는 나의 조심성과 관련이 있다. 그동안 나는 법을 둘러싼 이상적인 명제들이 현실에서는 진실이 아닐 수도 있다는 사실을 애써 모른 척해왔는지도 모른다. 이 사회의 지성인으로서 직무유기를 한 셈인데, 그것은 어떤 불가항력의 존재와 맞서는 것 같은 두려움 때문이었음을 고백하지 않을 수 없다. 나는 이 책으로 인해 마음속의 오랜 부채를 조금이나마 털어낼 수 있는 기회를 갖게 된 것이다.

이 책의 첫 페이지를 넘기는 독자 여러분께 미리 알려드릴 것이 있다. '왼손은 다만 거들 뿐'이라는 말이 있다. 농구선수들이 슛을 할 때는 왼손으로 공을 고정시키고 오른손으로 공을 쏘아 올린다. 이때 왼손은 아무것도 하지 않음으로써 슛의 정확도를 높인다. 내가 왜 이 말을 하는가 하면 이 책에서 내 역할이 농구에서의 '왼손'이었기 때문이다.

책을 읽어나가면서 알게 될 텐데, 이 책에서 내 목소리는 거의 없다. 책을 이끌어가는 중심 사건이 모두 공동 저자인 류 박사의 경험을 토대로 진행된다. 책을 시작하게 된 아이디어가 류 박사의 것이었고, 책 속에 등장하는 이야기도 모두 류 박사의 것이다. 다만 나는 원고를 진행해나가면서 새로운 문제의식과 맞닥뜨리면 자료를 검토하고 류 박사와 토론하면서 원고가 '골대'를 정확히 조준할 수 있도록 도왔을 뿐이다. 혹시라도 이 책을 읽고 난 뒤에 박수를 보내고 싶다면, 류여해 박사에게 보내기를 바란다.

한 가지 더. 이 책 제일 뒷부분의 〈부록〉에 법이 만들어지는 과정을 간략하게나마 정리해두었다. 다소 딱딱한 내용이라 제일 뒤로 밀려나고 말았지만, 이 책을 보다 흥미롭게 읽고 싶다면 〈부록〉을 먼저 살펴보는 것도 좋으리라 생각한다.

2012년 9월, 박영규

Contents

책을 시작하며 _박영규 • 4

Prologue
최초의 사건: 「국제형사재판소 관할 범죄의 처벌 등에 관한 법률」의 미스터리 • **14**

독일에서 법의 세계를 다시 만나다 • 16 | 법률 제정 과정이 하나의 역사가 되다 • 19 | 아무도 만들지 않은 법이 존재하다 • 22

Part 1. 악법은 어떻게 탄생하는가

Chapter 1
국회 법제실을 아십니까? _대한민국 대표 입법 지원 조직의 현실 • **31**

대법원 재판연구관에서 국회 법제실 법제관으로 • 32 | 국회 법제실의 3가지 룰 • 37 | 국회 법제실의 어느 하루 • 39 | 법제실의 입법 노하우를 기대할 수 있을까? • 43 | 국회 법제실, 그들은 과연 누구인가 • 48

Chapter 2
대한민국 입법이 흔들리고 있다 _악법, 자질 부족과 전문성 결여가 만든 합작품 • **54**

폐기된 법안을 재활용하다 • 55 | 고민 없이 만들어지는 법안 공해들 • 60 | 과연 국회의원들에게 입법을 맡길 수 있는가 • 64 | 형평성에 어긋난 법이 혼란을 가중시킨다 • 66 | 현실 상황을 고려하지 않은 법률이 만드는 미래 • 70

Chapter 3
법이 우리 모두를 '특별'하게 만들어줄 것이다 _특별법 남발이 초래한 혼란 • **76**

법은 도박을 금하고 국가는 도박을 권한다 • 77 | 특별법 공화국에서 일어난 어떤 실수 • 83 | 언젠가 법은 모든 일상을 '특별'하게 바꾸어놓을 것이다 • 86 | 우리나라의 입법 과정도 역사로 남겨야 한다 • 92 | 국민이 바로 서야 국회의원도 바로 선

다•94 | 국회와 법제실에 바라는 것들•96

Part 2. 법의 유통 권력자들

Chapter 1
법에서 금을 캐는 사람들 _입법의 사유화, 결코 불가능하지 않은 이야기•**105**

왜 국회의 로비스트 합법화 시도는 번번이 실패했는가•107 | 양날의 검 또는 뜨거운 감자•110 | 법을 만들어드립니다•114 | 법을 사업으로 만든 이들에 의해 삼권분립의 원칙이 무너지고 있다•117 | 법은 모든 국민을 위한 것이어야 한다•121

Chapter 2
공권력은 누구의 권력인가? _혼란스러운 법률체계가 군림하는 공권력을 만든다•**126**

주민등록증 좀 봅시다•127 | 공권력과 수치심 사이•130 | 경범죄처벌법, 잘못 끼워진 단추•135 | 범법과 위법의 함정•139 | 법이 많아지면 범죄도 많아진다•141 | 고무줄 잣대와 검찰 재량권•145

Chapter 3
법을 차지하기 위한 위험한 힘겨루기 _국민을 위한다는 대원칙의 실종•**150**

밥그릇 싸움 중인 검찰과 경찰•153 | 정의 없는 정의사회•158 | 피해자 인권보다 가해자 인권을 우선하는 법률체계•161

Chapter 4
법 앞에 만인은 평등한가? _'정의실현'이라는 거짓말•**168**

법과 제도의 최대 수혜자들•170 | 금융범죄에 면역이 되어버린 사법부•175 | 법이여, 강자에게 더욱 엄격하라: 일수벌금제•181

Part 3. 법에 무관심할 때 일어나는 비극

Chapter 1
대중 정서와 포퓰리즘 악법 _인기 법률과 정책 뒤의 함정•**193**

대중이 항상 옳은 것은 아니다•194 | 대중의 정서에 편승하는 포퓰리즘 법안•200

| 술에 너그러운 사회 • 204

Chapter 2
법으로 모든 것을 통제할 수 있다는 오만 _법 만능주의에 빠진 입법자들 • 210

풍선을 너무 세게 누르면 터진다 • 211 | 흐름에 역행하는 시대착오적인 법률들 • 216 | DNA가 모든 것을 말한다 • 219 | 또 다른 차별을 만드는 차별금지법 • 226 | 보다 어른스러운 정부를 기대한다 • 231

Chapter 3
불행한 대한민국의 법을 생각하다 _법과 일상의 괴리 • 238

함무라비 법전과 독일 아이들 • 239 | 법전이 생필품이라고? • 246 | 법이 삶의 모습과 사고의 틀을 만든다 • 249 | 어려운 법조문이 법맹(法盲)을 만든다 • 253

Chapter 4
법치국가에서는 악법도 법이 된다 _권익을 보호하는 법, 권익을 해치는 법 • 258

법이 항상 옳은 것은 아니다 • 260 | 법에는 양심이 없다 • 262 | 악법도 법이다? • 265

Epilogue
그래도 나는 법에게 희망을 걸어본다 • 272

때로는 위법이 더 나은 내일을 만든다 • 274 | 우리가 만들 세상을 위한 희망 • 276

책을 마치며 _류여해 • 281

Appendix
법은 어떻게 만들어지는가 • 286

인간이 마음속에 간직하고 있는 것 가운데
법과 군주가 개입해서 바로잡을 수 있는 것은 얼마나 적은가.

_새뮤얼 존슨 Samuel Johnson, 1709~1784

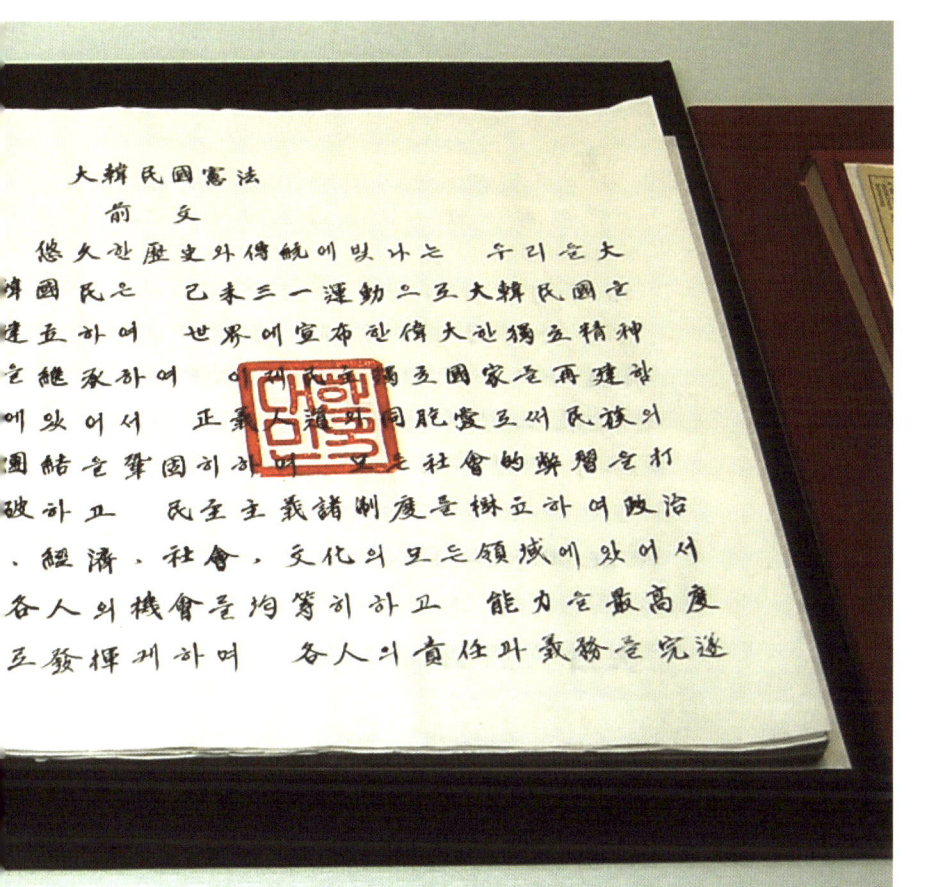

대한민국 최초의 제헌 헌법서

Prologue

최초의 사건
「국제형사재판소 관할 범죄의 처벌 등에 관한 법률」의 미스터리

법대에 다니는 법학도라면 누구나 사법고시를 생각한다. 나 역시 대학원에 진학하면서 본격적으로 사법고시를 준비했다. 그런데 지도교수인 이재상 교수님이 어느 날 나를 불러 물었다.

"설마 자네도 사시 준비하나?"

이재상 교수님은 우리나라 형법계의 산증인이시다. 그분이 쓰신 「형법」 관련 책들은 법 공부하는 사람들 사이에서는 '바이블'로 통한다. 우리나라 형법계의 일인자이자, 제자들로부터 존경 받는 참 스승이시다. 그런 분이 문득 그런 질문을 하니, 당황스럽지 않을 수 없었다.

"자네는 타고난 선생이야. 독일에 가는 걸 생각해봐. 자네라면 아

마도 3년 정도에 끝낼 수 있을 거야."

우리나라 법은, 특히 「형법」은 일본의 법을 근간으로 만들어졌다. 그리고 일본의 법은 독일의 법을 이어받았기 때문에 법에 관한 한 우리나라와 독일은 유사한 면이 많고 배울 점도 많다. 게다가 독일은 대학 등록금 부담이 거의 없다. 지역에 따라 등록금을 받는 곳도 있고 받지 않는 곳도 있는데, 받는다 해도 대학에 다니는 동안의 등록금 전체가 우리 돈 100만 원을 넘지 않는다. 석·박사 과정은 일정 기간 안에 학업을 이수하지 못할 때에만 일종의 페널티로 등록금을 내도록 하고 있다. 그 외에도 혜택이 많아서 독일은 대학생이 공부하기에는 최적의 환경을 갖추고 있다. 하지만 어학이 까다롭기 때문에 한국 학생들은 꺼리는 편이다. 나 역시 독일 유학은 꿈에도 생각지 않은 일이었다.

이재상 교수님의 그 말씀에 꽤 오랫동안 고민했다. 혼자서 끙끙 앓다가 늘 내 편이 되어주시고 길잡이가 되어주시는 정현미 교수님을 찾아가서 고민을 털어놓았다.

"이재상 교수님께서 네게 그런 권유를 할 때는 다 이유가 있을 거야. 너라면 해내리라 믿어."

정현미 교수님은 독일에서 학위를 받은 독일 유학 선배이기도 하다. 정현미 교수님의 격려가 큰 힘이 되었다.

단순하고 무식하게도 두 분 교수님의 말씀만 믿고 무작정 독일 유학길에 올랐다. 그리고 이재상 교수님의 예언대로 3년 8개월 만에 어학과 석·박사 과정을 마치고 돌아왔다.

나의 유학 이력을 책의 서두에 밝히는 이유는, 만약 내가 한국에 남아 사법고시를 준비해서 변호사, 검사가 되었더라면 죽었다 깨어나도 이 책을 쓸 수 없었음을 밝히기 위해서다.

독일에서 법의 세계를 다시 만나다

어릴 때부터 법조인이 되는 꿈을 꾸었다. 유치원 다닐 때 장래 희망을 그림으로 그릴 때도 어김없이 판사가 등장했다. 누가 "꿈이 뭐니?"라고 물으면 주저 없이 "판사요"라고 대답했다. 하지만 법관이 되는 것이 순수한 내 바람은 아니었다. 어린 시절부터 부모님은 내가 변호사나 검사, 판사가 되어야 한다고 누누이 말씀하셨다. 그래서 그저 막연하게 '아, 나는 법관이 되어야 하는구나'라고 생각했다. 조금 철이 들어서 법관이 되고자 하는 것은 내 희망이 아니라 부모님의 희망이라는 사실을 깨달았다. 법관이 되고 싶었던 아버지의 꿈을 물려받은 것이었다. 그게 싫어서 사춘기 때부터 반항을 했다. 공부가 싫어졌다. 대학 진학을 앞둔 시기에 나의 반항심은 극에 달했다.

그런데 일이 터졌다. 아버지의 사업이 부도를 맞은 것이다. 그때

> **법조인, 법관**
> 법조인은 판사, 검사, 변호사 등 법과 관련한 일을 하는 사람을 아우르는 말이다. 법관은 판사만을 가리킨다.

아버지는 일종의 경제사범으로 조사를 받기 위해 경찰과 검찰에 여러 번 출석해야 했다. 조사를 받고 온 날이면 아버지는 유난히 풀이 죽어 있었다. 아버지의 약한 모습을 목격한다는 것은 사춘기 소녀에게는 고통스러운 일이었다. 법 없이도 살 분이 법 때문에 당하고 있다는 생각을 하면 울분이 치밀었다. 그 안타까움이, 분노가 난데없는 정의감을 키웠다. 그래서 법대에 진학하기로 마음먹었다. 공정한 판결을 내리는 판사가 되고 싶었다.

하지만 내가 원하는 학교의 법학과에 가기에는 성적이 모자랐다. 재수를 하고 삼수까지 했다. 삼수 끝에는 우선 대학에 들어가고 보자는 급한 마음에 법학과를 포기해야 했다. 대학 생활을 시작한 뒤로는 오히려 문학에 욕심이 생겨 국문학과도 기웃거렸다.

그러던 어느 날, 법학과에서 낸 공지를 보았다. 전과 희망자는 신청하라는 내용이었다. 이미 내 머릿속에서 '법'은 지워졌다고 생각했는데 법학과의 그 공지를 본 순간, 어릴 때 멋모르고 내 운명으로 받아들였던 '법'에 관한 기억이 새롭게 떠올랐다. 그렇게 나는 우여곡절 끝에 법학도가 되었다.

법을 공부하는 동안 때때로 이런 생각이 들고는 했다. 이게 내가 진정 원하는 길일까? 누구나 한 번쯤 스스로에게 던질 법한 질문이다. 과연 나의 의지대로 삶을 살아가고 있는지, 부모님에 대한 마음의 빚이 나를 법학과로 이끈 것은 아닌지, 타의에 이끌려 어쩔 수 없이 이 길을 가고 있는 것은 아닌지…….

인생은 계획한 대로 흘러가지도 않지만, 계획하지 않았다고 해서 의미가 없는 것은 아니다. 때때로 삶은 우리가 생각지도 않은 곳으로 데려가서는 그곳에서 새로운 길과 가능성을 열어준다. 나의 독일 유학이 그랬다. 지도교수님의 말씀만 믿고 독일의 기본적인 인사말도 제대로 익히지 못한 채 무작정 올랐던 독일 유학길에서 나는 내가 지금까지 해온 것들에 대한 새로운 의미를 발견했다. 법이란 참으로 아름다웠다. 독일에서 공부하는 동안 내가 진정으로 법을 사랑하고 있었다는 사실을 새삼 깨달았다.

　시민들이 법에 복종하고 법을 신뢰하는 것은 인간의 삶 속에서 일어나는 여러 가지 갈등에 법률이 보편타당한 해결책을 제시해줄 것이라는 기대를 갖고 있기 때문이다. 내가 법을 사랑한 이유 역시 마찬가지였다. 나는 법이 사회질서를 유지하고 선량한 시민과 약자를 보호한다는 상식을 믿었고, 수만 년 문명사회의 숱한 경험과 고민이 담긴 사회적 약속임을 믿었다. 나는 이러한 법의 이상향을 독일에서 목격했다. 법을 만드는 사람들은 사명감을 갖고서 천 년이 지나도 무너지지 않을 성을 쌓는 것처럼 신중함과 정성을 다했다. 독일 국민들은 그렇게 만들어진 법을 항상 가까이하며 법과 함께 살아가고 있었다. 이렇게 국민들이 법을 속속들이 잘 알기 때문에 법을 만드는 사람도, 집행하는 사람도 함부로 할 수 없었다. 독일의 입법기관과 사법기관은 국민의 깊은 관심과 애정 어린 감시 속에서 제대로 설 수 있었던 것이다.

독일에서 유학하는 동안 법을 공부하는 나 스스로에게 자부심을 갖게 되었고, 법을 더욱 사랑하게 되었다. 그리고 처음으로 내가 법대에 가기를 희망하셨던 부모님께 감사했다.

법률 제정 과정이 하나의 역사가 되다

하지만 법에 관한 나의 이상향에 금이 가는 일이 생겼다. 그 일은 학위 논문을 쓰는 동안에 일어났다.

박사 학위 논문 주제로 어떤 것을 택할까 고심하던 중에 내가 유학하던 예나 대학교 Friedrich-Schiller-Universität Jena, 독일 튀링겐 주 예나에 위치한 공립대학교. 정식 명칭은 예나 프리드리히 실러 대학교이지만 줄여서 '예나 대학교' 라고 부른다의 지도교수님께서 자신의 관심 분야인 국제형사재판소와 관련한 독일 법과 한국 법을 비교하는 것을 내 논문 주제로 정해주었다.

국제형사재판소 International Criminal Court는 1998년 이탈리아 로마에서 열린 세계대회에서 채택한 로마선언에 의해 2002년에 설립된 국제사법기구로, 집단 살해, 테러, 인종 범죄, 인권 탄압 등의 반인류범죄와 국제범죄를 저지른 개인을 심리하고 처벌하는 권한을 갖고 있다. 독일은 자국이 일으킨 2차 세계대전으로 인해 국제사회에 부채의식을 갖고 있었기 때문에 국제형사재판소와 관련된 일에 열

네덜란드 헤이그에 위치한 국제형사재판소

심이었다. 예나 대학교의 지도교수님은 대한민국이 분단국가이며, 마침 대한민국이 그 무렵 로마협약에 비준하고 한국 국적의 재판관을 배출했기 때문에 내가 독일 유학에 오르기 1년 전인 2003년, 서울대 법대의 송상현 교수가 국제형사재판소의 재판관으로 임명되었다. 송상현 교수는 2009년 국제형사재판소의 소장으로 선출되었고, 2012년에 재선되어 현재까지 재임하고 있다 나에게 딱 맞는 주제라고 했다.

학위 논문과 관련한 고민은 한 방에 해결되었다. 운이 좋게도 당시 우리나라에서는 국제형사재판소와 관련된 국내법을 발의한 상태였기 때문에 독일과 우리나라의 입법 과정과 제정 절차를 비교하고 분석하면 좋은 논문을 쓸 수 있을 것이라는 기대에 부풀었다.

먼저 독일의 입법 과정을 살펴보면서 나는 혀를 내두르지 않을 수 없었다. '누가, 왜, 무엇을, 언제, 어디서, 어떻게'라는 육하원칙에 의거하여 문장 한 줄, 단어 하나에도 꼼꼼하게 주석을 달아놓고 있었다. 왜 이 법률을 만드는지, 법률을 만드는 과정에 참여한 정치인, 정부 관계자, 관련 기관의 담당자가 누구인지, 법을 만드는 과정에서 누가 어떤 의도에서 이런 발언을 했고 이런 단어를 썼는지, 그 단어가 지니는 정확한 의미는 무엇인지, 그리고 입법안이 어떻게 진행되고 발의되었으며 공포되었는지의 과정이 한 권의 자료집으로 묶여 있었다. 그 법률과 관련해서 가졌던 회의의 회의록에는 당시 상황이 자세하게 기술되어 있어서 그 법을 만들면서 나누었던 의견과 그 법을 만들 때 무엇을 고민했는지를 한눈에 파악할 수 있었다.

이렇게 말 한 마디, 단어 하나도 역사의 기록으로 남기기 때문에 법률을 만드는 과정에 참여한 사람들로서는 신중을 기하지 않을 수가 없었을 것이라는 생각이 들었다.

아무도 만들지 않은 법이 존재하다

국제형사재판소와 관련한 독일 국내법의 입법 과정과 제정 절차에 관한 기록이 풍부했던 덕분에 자료를 수집하는 데 전혀 어려움이 없었다. 이제 우리나라에서 발의된 법안과 제정 과정의 사례를 수집하고 정리하면 학위 논문을 쓰기 위한 준비 작업은 거의 끝나는 것이었다.

우리나라에서 이 법의 정식 명칭은 「국제형사재판소 관할 범죄의 처벌 등에 관한 법률」이다. 먼저 국회사무처에 국제전화를 걸어 이 법률의 관련 담당자와 통화했다. 나는 내가 누구이고 뭐하는 사람인지, 왜 전화를 걸었는지 자세하게 설명한 뒤 자료를 보내줄 수 있느냐고 요청했다. 국회사무처의 담당자는 알아보고 연락을 주겠다고 했다. 국회 한 군데로는 모자랄 것 같아서 법무부에 전화를 걸었을 때도 담당자는 같은 반응을 보였다.

하지만 여러 날이 지나도록 국회와 법무부에서는 아무런 연락이 오지 않았다. 다시 전화를 걸었다. 돌아온 답변은 "알아보고 있는 중"이었다. 이때까지만 해도 나는 별 의구심을 갖지 않았다. 국제형사재판소와 관련한 독일 국내법의 자료를 수집하면서 전혀 어려움을 겪지 않았기에 나는 우리나라에도 그 법과 관련된 자료가 잘 정리되어 있을 것이라고 생각했다. 독일이 먼 곳이니까 자료를 배송하거나 국제전화를 하는 게 원활하지 않은 것이라고만 여겼다.

이후로도 수차례 전화를 걸 때마다 나는 최대한 깍듯이 도움을 요청했다. 하지만 그들은 처음부터 끝까지 "알아보고 연락 주겠다"로 일관했다. 내가 혹시 자료를 찾아보셨느냐고 물어도 여전히 "알아보고 연락 주겠다"고만 되풀이할 뿐이었다. 분명 법안이 발의되어 국회에 버젓이 상정되어 있는데도 결국 학위 논문을 다 쓸 때까지 우리나라의 국회와 법무부로부터는 어떠한 자료도 얻을 수가 없었다. 뿐만 아니라 그 법을 누가 발의했는지, 어떻게 만들었는지에 대해서도 단 한 마디의 답변조차 들을 수가 없었다.

우리나라와 독일 두 나라의 입법 과정과 제정 절차를 비교하고 분석하겠다던 계획은 수포로 돌아갔다. 나는 어쩔 수 없이 이미 발의되어 있는 우리나라의 법률 내용과 독일의 국내법을 비교하는 것으로 논문의 방향을 수정해야 했다. 처음 계획에는 미치지 못했지만, 운이 좋게도 박사 구술시험을 치르던 날 우리나라의 「국제형사재판소 관할 범죄의 처벌 등에 관한 법률」이 국회를 통과하면서 내 논문의 가치가 높아진 덕분에 나는 시험을 통과할 수 있었다.

하지만 묵묵부답으로 일관했던 국회와 법무부 담당자들의 태도에 대해서는 두고두고 생각하지 않을 수 없었다. 법이 만들어지기 위해서는 법안을 발의한 사람이나 기관이 있어야 하고, 일정한 절차를 거쳐 법안이 정리된 뒤 국회에서 의결되어야 한다. 이 일련의 과정에는 수많은 사람이 참여할 수밖에 없기 때문에 반드시 그에 관한 '이야기'가 남아 있어야 한다. 그런데 왜 우리나라의 국회와 법무부 담당자들은 내게 아무것도 알려주지 않았을까? 내가 만약 한국에 있었다면 그와 관련한 자료를 열람할 수 있었을까? 법률 제정 과정을 기록으로 남겨 누구라도 열람할 수 있도록 한 독일과, 수십 번 통화해도 단 한 줄의 자료조차 구할 수 없었던 우리나라의 경우는 누가 생각해도 극과 극의 사례일 수밖에 없었다.

의문은 시간이 꽤 지난 뒤에야 풀렸다. 국회와 법무부의 담당자들은 내게 그 법에 관한 일련의 사항을 의도적으로 알려주지 않은 것이 아니라 알려줄 재간이 없었던 것이다. 왜냐하면 한국의 「국제형사재판소 관할 범죄의 처벌 등에 관한 법률」은 누군가가 정식으로 법안을 발의하고 만든 것이 아니라, 국제형사재판소의 로마규정을 그대로 옮겨오고 여기에 독일과 오스트레일리아에서 만든 법률을 짜깁기해서 만든 것을 급하게 통과시켰기 때문이다. 국회 의안정보 시스템에서 자료를 검색해보면, 「국제형사재판소 관할 범죄의 처벌 등에 관한 법률」의 검토보고서와 심사보고서가 등재되어 있다. 이 보고서들은 이 법률과 관련한 제반 사항들과 사실들을 나열하고 있을 뿐 누가 어떤 고민을 해서 이 법률을 만들었는지에 대한 기록은 전혀 없다. 게다가 이 법률은 엄연히 형사법에 속하지만 형사법 전문가의 견해를 전혀 반영하지 않은 채 국제법과 관련한 입장에서 공청회의 자료만 인용하고 있다.

법은 그 나라의 현실 상황과 실정을 반영해서 제정해야 하는데도 우리는 남이 만들어놓은 것을 그대로 베꼈다. 그러다 보니 이 법률에 대해서 고민한 사람이 없었고, 기록으로 남길 만한 것 역시 아무것도 없었다. 그리고 이렇게 베끼고 짜깁기해서 만든 법률이 버젓이 국회를 통과했다. 2007년 12월에 제정되고 시행된 이 법률은 2011년 4월에 일부 내용이 개정되었다. 이 일은 내가 우리나라 법률 시스템의 후진성과 맞닥뜨린 최초의 사건이었다.

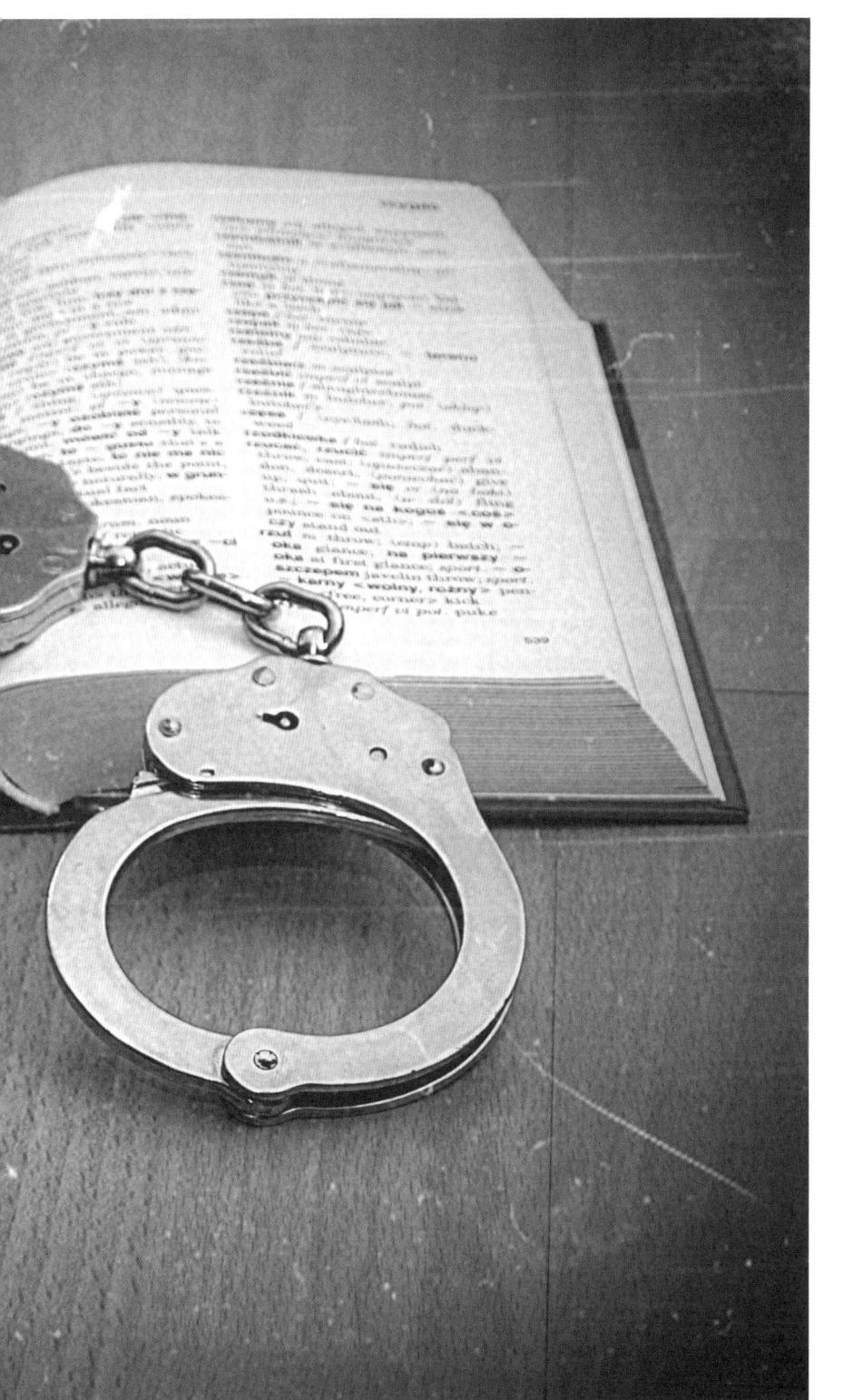

PART ❶

악법은
어떻게 탄생하는가

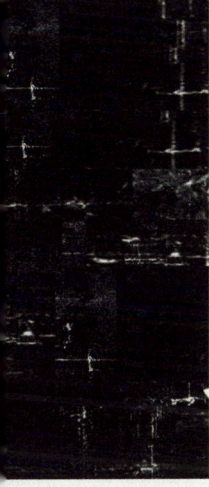

Chapter 1_
국회 법제실을 아십니까?

Chapter 2_
대한민국 입법이 흔들리고 있다

Chapter 3_
법이 우리 모두를 '특별'하게 만들어줄 것이다

그러나 사람에 의해 좌우된다.
법이 양심과 도덕은 그 뿌리를
법에는 양심과 도덕이 없다.

Chapter 1 국회 법제실을 아십니까?
대한민국 대표 입법 지원 조직의 현실

독일 유학을 마치고 한국에 돌아온 지 일주일 정도 지났을 무렵이었다. 법과 관련된 채용공고를 살피던 중에 대법원에서 독일 법 전문가를 구한다는 소식을 접했다. 직책은 재판연구관이었다. 곧바로 지원했고, 그때부터 1년 8개월 동안 대법원의 재판연구관으로 일했다.

대법원 재판연구관은 원래 부장급 판사들과 10년 정도의 재판 경험을 가진 판사들로 구성된 자문기관이다. 판사 중에는 판결을 내리는 판사가 있고 법을 공부하는 판사가 있다. 이 공부하는 판사들은 재판관이 옳은 판결을 내릴 수 있도록 보좌하는 역할을 한다. 하지만 국내법에 정통한 이 '공부하는 판사'들로서도 쉽게 판단을 내리기 힘든 사건이 있다. 그때는 외부 전문가의 도움을 받아야 하고, 해외 사례가 어떤지 알아보아야 한다. 그래서 해외에서 법을 공부한 전문 인력이 필요하다. 이러한 필요에 의해서 내가 재판연구관으로 발탁된 것이었다.

재판연구관은 법리 해석과 사례 연구를 통해 대법원 재판관이 올바른 판결을 내릴 수 있도록 돕는다. 이것은 「법원조직법」에 명시된 공식적인 조직이다. 나는 부장급 판사가 아니었지만, 독일 법 전문가로서 대법원 판사들이 올바른 판결을 내릴 수 있도록 독일 사례를 연구하는 재판연구관으로 일하게 된 것이었다.

대법원 재판연구관에서 국회 법제실 법제관으로

마흔이 안 된 나이에 고위공직 재판연구관인 부장급 판사들은 직급이 2급 공무원에 준하고, 판사가 아닌 재판연구관은 2~3급 공무원에 준한다에 해당하는 대법원 재판연구관으로 일하게 된 것은 큰 영광이었고 좋은 경험이었다. 재판연구관으로 일하는 동안 많은 것을 배웠고 법에 대해서 더욱 고민하는 시간을 가질 수 있었다.

대법원은 업무 강도가 대단히 셌다. 하루 중에 처리해야 할 판결 사안과 업무가 많았기 때문에 대법관 1인당 1년 평균 사건 처리 건수는 2,900여 건에 이른다 점심시간도 40분 이상 쓸 수가 없었고, 주말 저녁에도 대 국회 법제실을 아십니까?

대법원 청사. 서울 서초동에 위치하고 있다.

법원 사무실들은 불야성을 이루었다. 특히 재판연구관은 1년 내내 단 하루의 휴일도 찾아 먹지 못할 정도였다. 대법원에서 일하는 동안 나는 한국과 독일에서 했던 것만큼이나 강도 높은 공부를 해야 했다.

그렇게 2년이 가까워질 무렵, 법과 관련한 다른 일을 해보고 싶다는 생각이 들었다. 그동안 대법원 재판연구관으로 일하며 법리 해석과 사례 연구를 하면서 잘못된 법을 발견할 때마다 직접 그 법들을 고쳐보고 싶다는 생각이 들고는 했기 때문이다. 그래서 법률 제정과 관련한 기관을 알아보던 중 눈에 띈 곳이 국회사무처의 법제실이었다. 법학박사 학위자 특별채용이었고, 2년 계약직이었다.

대법원에 사직서를 내고 법제실에 지원했을 때 다들 나를 '미쳤다'고 했다. 채용면접을 할 때도 내가 대법원 재판연구관으로 일했던 사실을 안 면접관이 말했다.

"법제실에 오시게 되면 대법원 재판연구관 때보다 보수도 적고 직급도 많이 낮아지게 됩니다. 그런데도 다니실 거예요?"

대법원 재판연구관이 2~3급 공무원에 준하는 대우를 받는 것과 비교해 법제실 사무관법제관은 5급이다. 2급과 5급은 하늘과 땅 차이다. 하지만 사실 5급도 꽤 높은 직급이다. 행정고시에 합격하고 국가 공무원으로 임명되면 5급부터 출발하고, 입법고시에 합격해서 국회에 들어가도 5급 사무관으로 출발한다. 9급 공무원이 5급에 오르기까지는 일반적으로 15~18년 정도가 걸린다.

어차피 나는 계약직 공무원이기 때문에 직급에는 별 관심이 없었다. 보수도 재판연구관으로 일할 때보다는 못하지만 5급 사무관이면 적은 편이 아니었다. 무엇보다도 나는 대우를 받기 위해서가 아니라 일을 하기 위해서, 법을 제대로 만들기 위해서 국회사무처 법제실 사무관에 지원한 것이었다. 그래서 연봉도 직급도 크게 개의치 않았다.

오래지 않아 합격 통보를 받았다. 출근 첫날, 기대에 부풀어 국회로 향했다. 그런데 직속상관은 휴가 중이었고, 내가 앉을 책상조차 마련되어 있지 않았다. 하는 수 없이 출산 휴가를 떠난 직원의 자리에 임시로 앉았는데, 쓰던 사람이 미처 정리정돈을 하지 못하고 떠난 모양인지 책상이 엉망이었다. 새 사람이 온다는 사실을 몰랐던 걸까? 우두커니 앉아 있기가 뭣해, 컴퓨터를 켰다. 그때 처음 알았다, 우리나라에 인터넷 쇼핑몰이 그렇게나 많다는 사실을! 바탕화면이 온통 인터넷 쇼핑몰에 접속하는 아이콘으로 빽빽했다.

갑자기 심란해졌다. 일하는 중간에 휴식 삼아 인터넷 쇼핑몰에 접속하는 것은 그렇다 치더라도 업무용 컴퓨터의 바탕화면에 이렇게 대놓고 쇼핑몰 아이콘들을 늘어놓고 있다니……. 그때 누군가가 다가와 서류를 내밀었다. 직속상관이 휴가를 떠나면서 내 앞으로 던져놓은 과제였다. 그렇다면 새 사람이 온다는 사실을 알고 있었다는 말인데, 왜 자리도 정리해놓지 않았을까? 언짢고 궁금했지만 딱히 하소연할 데가 없었다.

상관이 나에게 전달하도록 지시해놓은 서류는 어떤 법안의 입안 의뢰서였다. 그동안 형사법을 공부했고 대법원에서 재판연구관으로도 일했지만 입법에 관한 한 나는 문외한이었다. 생전 처음 접하는 입안의뢰서 양식을 앞에 놓고 무엇을 어떻게 해야 할지 난감하기만 했다. 우선 내용이나 파악하자는 생각으로 천천히 의뢰서를 읽어보았다.

모 의원이 발의하여 법제실로 들어온 그 법안의 가칭은 '데이트 폭력 금지법'이었다. 남녀가 데이트를 하다가 발생한 폭력에 대해서는 가중처벌을 한다는 내용의 특별법을 만들자는 것이었다. 하지만 형사법을 전공한 내 상식으로는 도저히 이해가 되지 않는 법안이었다. 얼핏 이 법안을 살펴보면, 데이트를 하던 중에 여성이 폭행을 당하는 사례가 많기 때문에 여성을 보호하기 위해 데이트 도중 폭력을 휘두른 경우에는 가중처벌을 하자는 것으로, 일단 취지는 좋아 보인다. 하지만 법은 좋은 취지만으로 만드는 것이 아니다. 법은 시민을 보호하는 최소한의 장치이지만, 그것이 남용될 때 시민의 생활을 구속하는 동시에 시민을 쉽게 범죄자로 만들 수 있다. 현행법으로 처벌이 불가능하다면 당연히 새로운 법을 만들어야 하지만,「형법」상 폭행죄로 처벌할 수 있는 사안을 두고서 새로운 특별법을 제정한다는 것은 아무래도 「형법」의 체계에 맞지 않는다는 생각이 들었

> **특별법**
> 법의 효력이 특정한 사람이나 사물, 행위, 특정 지역에 한하여 적용되는 법을 말한다. 특별법과 비교되는 일반법은 그러한 제한 없이 일반적으로 적용되는 법이다. 대개의 경우 '~특별법'이라는 명칭이 붙지만 반드시 그런 것은 아니다. 상법과 군법은 각각 민법과 형법에 대하여 특별법 관계에 있다.

다. 하지만 그것은 초짜 법제관이 임의로 판단할 문제가 아니었다. 휴가를 떠난 상관이 돌아오면 상의해야 했다.

국회 법제실의 3가지 룰

국회에는 국회의원들을 지원하기 위해 여러 개의 조직이 구성되어 있다. 그중에서 국회의원의 대표적인 업무인 입법을 지원하기 위해 만들어진 조직이 국회사무처의 법제실과 입법조사처다.

대한민국 「헌법」은 국회의원과 정부에 법안을 제안할 수 있는 권한을 부여하고 있다. 정부에서 제안하는 법률안을 '정부제출법률안'이라고 하고, 국회의원이 제안하는 법률안을 '의원발의법률안'이라고 한다. 정부에서는 법제처라는 기관을 두고서 각 부처가 제출한 관행적으로 국회의원이 법안을 제안할 때는 '발의'라고 표현하고, 정부에서 제안할 때는 '제출'이라는 표현을 쓴다 법안이 「헌법」이나 다른 법률들과 충돌하지 않는지 등을 심의하도록 하는데, 이렇게 법제처의 심의를 거친 법안은 국무회의에 붙여졌다가 최종적으로 국회에 제출하게 된다. 바로 정부의 이 법제처와 유사한 역할을, 국회에서는 법제실과 입법조사처가 하고 있다.

입법조사처는 입법과 정책에 관련된 정치·행정, 경제·산업, 사

> **대한민국 헌법**
> 제40조
> 입법권은 국회에 속한다.
>
> 제52조
> 국회의원과 정부는 법률안을 제출할 수 있다.

회·문화 분야의 흐름을 조사하고 연구하는 기관으로, 국회의원과 국회의 각 위원회에 조사·연구 결과물을 제공함으로써 의정 활동을 돕는다. 그리고 법제실은 국회의원이 의뢰한 법안을 검토하고, 법안 내용에 관해 의원실과 조율하며, 법안 작성 기준에 맞추어서 정리한 뒤 이를 다시 입안을 의뢰한 국회의원에게 돌려보내는 일을 한다. 그러면 입안 의뢰를 했던 국회의원은 그것을 국회의장에게 제출하는 것이다. 국회의원이 국회의장에게 법안을 제출하는 이 행위를 '발의'라고 한다.

입법조사처와 법제실 둘 다 국회의원의 입법 활동을 지원하기 위해 구성된 조직이지만, 입법과 관련한 실질적인 업무를 진행하는 곳은 법제실이다. 입법조사처를 법제 자문기관이라고 한다면, 법제실은 법제 실무기관인 것이다.

'데이트 폭력 금지법'이 일단 내 손에 들어온 이상 책임을 져야 했다. 책임을 지는 방식은 두 가지다. 의뢰한 법안이 「헌법」이나 다른 법률과 충돌하지 않고 보편성과 형평성에 어긋나지 않을 경우 법안을 정리해서 의뢰를 한 의원실에 전달하는 것이 하나이고, 다른 하나는 법안이 적절하지 않을 때 의원실과 법안 내용을 협의하거나 입법안을 철회하도록 권유하는 것이다.

'데이트 폭력 금지법'의 타당성을 조사하기 위해 외국의 입법례를 검색하기 시작했다. 혹시라도 외국에서 그와 유사한 내용의 법안을 입법한 사례가 있다면 타당성 여부를 더 깊게 따져볼 필요가 있기 때문이었다. 그런데 외국의 입법례를 찾아보던 나에게 던진 법제실 사람들의 충고는 나를 좌절시키고 말았다.

"외국서 공부했다고 외국 것 뒤지는 모양인데, 그냥 대충 하면 되지……. 이게 뭐 논문인가? 그냥 대충 끼적여서 만들어주면 돼요, 어차피 통과도 안 될 것. 우린 그냥 의원실 입맛에 맞게 만들면 되는 거예요."

법을 사랑하고 법에 대한 긍지가 높았던 나로서는 귀를 의심하지 않을 수 없었다. 법안이 지니고 있을지도 모를 문제점을 사전에 분석하기 위해 외국의 사례를 검색한 것이 그렇게 눈 밖에 나는 행동이었을까? 아니면 의원실에서 법적 상식에 어긋나는 법률안을 의뢰했을 때는 법제실에서도 그에 상응하게 대응하는 것일까?

하지만 이후로 2년 동안 근무하면서 내가 목격하고 경험한 바로는 두 번째 이유는 절대 아니었다. '대충대충', '의원실 입맛에 맞게', '기한은 칼같이 엄수', 이 3가지가 법제실의 룰이었다.

국회 법제실의 어느 하루

'데이트 폭력 금지법'이 법률로서 성립하기 어려우므로 철회해야 한다고 상관에게 말했지만, 도저히 설득시킬 수가 없었다. 하는 수 없이 법안을 의뢰한 의원실 보좌관을 만나서 왜 이 법안이 법률로 성립될 수 없는지 자세하게 설명했다. 다행히 그 보좌관이 말이 좀 통하는 사람이어서 결국 그 법안은 발의를 철회하는 것으로 결론을 지었다.

나중에 들은 이야기로는, 그 무렵 그 법안을 의뢰한 의원실로 데이트를 하다가 피해를 당한 여성들이 자주 전화를 걸어와 민원을 제기했다고 한다. 민원인들이 하소연하는 것을 들어주다가 '데이트 폭력 금지법'을 입안할 아이디어를 떠올린 것이었다. 그래도 그 의원은 국민의 고충을 덜어주고자 노력한 셈이었다. 다만 이미 「형법」에 폭행에 대한 처벌 조항이 있는데 굳이 데이트라는 상황에 따른 특별법을 만들고자 무리수를 두었던 것이 문제였다.

그런데 만약 데이트 폭력 금지법이 실제로 발의가 되고 국회를 통과해서 법률로서 효력이 발생했다면 어떤 일이 일어나게 될까? 서로에게 호감을 가진 남녀가 데이트를 할 목적으로 만나는 순간부터 이 두 사람은 법적으로 '특별한 상황'에 처하게 된다. 그런 상황에서 혹시 서로 다투다가 상대방을 밀치기라도 했다고 가정해보자. 그러면 법이 없을 때는 아무 문제가 안 되는 가벼운 행동도 법이 존재하기 때문에 소송의 불씨가 될 수 있다. 순간적으로 욱하는 감정을 주체하지 못하고 상대를 고소라도 하게 되면 이 두 사람의 관계는 돌이킬 수 없는 지경에 처하게 된다. 법이 인간사의 너무 세세한 부분에까지 관여하면 우리 사회는 온통 원수 진 사람들로 북적거릴 것이다.

국회 법제실을 아십니까?

국회가 법제실이라는 지원 조직을 둔 것은 다 그만한 이유가 있다. 국회의원 중에 법조인 출신이 다수를 차지하지만, 법에 대해서 전문성이 결여된 의원 역시 다수다. 그리고 법조인 출신 국회의원 중에도 '지역 현안'이라는 명목을 내세워 지역구의 민원을 해소하고자 지역의 이익을 대변하는 편향된 법안을 입안하기도 한다. 법제실은 법적 근거가 미비하거나 이미 존재하는 법률과 상충하는 법안, 또 어떤 특정 지역이나 집단의 이익을 옹호함으로써 형평성의 원칙에 어긋나는 법안을 사전에 조정하고 조율해야 한다. 이처럼 국회 법제실은 우리나라 법의 기초를 세우는 역할을 담당하고 있다. 그런데 실제로 이곳에서는 어떤 일이 벌어지고 있을까? 내가 경험했던 법제실의 하루를 한번 들여다보자.

이곳의 출근 시각은 오전 9시. 하지만 9시 30분쯤 되어야 책상이 차고 업무가 시작된다. 심지어 10시가 넘어서 나타나는 사람도 보았다. 11시 30분쯤 되면 점심을 먹기 위해 일어선다. 다시 오후 업무가 본격적으로 시작되는 시각은 1시 30분경이다 이 글을 쓰고 있는 2012년 8월 현재에는 거의 대부분이 1시에 들어온다고 한다. 국회 개원 초기에는 국회의원들이 경쟁적으로 법안을 발의하는데, 19대 국회가 공식 개원한 지 오래되지 않아서 법제실로 들어오는 입안의뢰서가 많기 때문이다. 슬며시 혼자 어디론가 사라졌다가 2시가 다 되어서야 돌아오는 사람도 있다. 그러다가 몇몇 직원은 3시경에 티타임을 갖기도 한다. 업무와는 별 상관도 없는 수다를 떨다가 다시 자리로 돌아간다. 집이 가까운 곳에 있는 직원이 집에서 자고 오

> **공무원의 유령 야근**
> 일부 공공기관에서는 업무용 컴퓨터를 켜고 끄는 것으로 출퇴근을 체크하는데, 공무원들 중에는 정시에 퇴근하면서 야근을 하는 다른 이에게 퇴근할 때 자기 컴퓨터도 꺼달라고 부탁하는 방법으로 초과 근무수당을 챙기는 이들이 더러 있다. 심한 경우에는 '컴퓨터 꺼주기 당번'을 만드는 경우도 있다고 한다. 감사원에서는 이 같은 폐단을 막기 위해 지문 인식을 통해 출퇴근을 체크하는 방식으로 변경하도록 공공기관에 여러 차례 권고했지만, 이를 수용한 기관은 지극히 적다.

는, 도무지 내 상식으로는 이해가 안 되는 광경을 본 적도 있다. 몇몇은 3시경부터 꾸벅꾸벅 졸기도 한다. 아예 쿠션을 깔고 엎드려 자는 사람을 보기도 했다. 게임에 빠진 젊은 직원이 하루 종일 컴퓨터 게임을 하는 것도, 또 어떤 직원이 몇 시간 동안 인터넷 쇼핑을 즐기는 것도 보았다. 그러다가 저녁 6시가 되면 다들 칼같이 저녁을 먹으러 나간다. 이후로 사무실에서는 코빼기도 보이지 않다가 밤이 이슥해져서야 슬그머니 돌아와서는 야근 체크를 하고 집으로 향하는 양심 불량인 사람도 있다. 이렇게 초과 근무수당도 꼬박꼬박 챙겨간다. 이런 하루하루가 계속 이어진다.

사실 일부 공무원들이 실제로는 야근을 하지 않으면서 야근을 한 것처럼 꾸며 초과 근무수당을 최대치까지 챙기는 것은 어제오늘의 일이 아니다. 국회 공무원들 사이에도 이와 똑같은 '유령 야근'이 공공연한 비밀처럼 만연해 있다.

누가 이런 말을 했다.

"국회사무처 법제실은 신이 숨겨둔 직장이다."

공기업을 '신의 직장'이라고들 하는데, 국회사무처 법제실은 한 술 더 떠서 '신이 숨겨둔 직장'이라고 한다. 이렇게 편하게 일하면서도 어떤 이들은 박봉이라고 우는 소리를 한다. 정상적으로 승진한 5급 공무원은 초과 근무수당 제외하고 보통 한 달에 300만 원에서 많게는 350만 원 정도를 수령하는데 신임 5급 사무관은 조금 적다 근무시간을 생각하면 많이 받는 편이다. 게다가 점심과 저녁에는 식권이 나오고, 음료수와 간식도 '과 카드'라고 불리는 법인카드로 사 먹는다.

감사가 나오는 날이면 미리 공문이 돈다. 각별히 주의하라는 경보 사이렌을 울리는 것이다. 이때는 다들 자리에서 꿈쩍도 하지 않는다.

법제실의 입법 노하우를 기대할 수 있을까?

국회 법제실 직원들의 해외연수나 출장, 유학이 미국 쪽으로 편향된 것도 비판하지 않을 수 없다. 우리나라의 「형법」은 독일의 법을 모델로 삼았기 때문에 「형법」 관련 법제관들은 독일에 가서 그곳의 법률 시스템을 경험하고 오는 것이 우선순위다. 그런데 국회 공무원들이 해외연수나 유학을 떠나면서 향하는 나라는 하나같이 영어권 국가들이다. 이유는 아이들 어학연수와 자신의 해외 대학 학위를 받기 유리한 곳을 선택하기 때문이다. 국회 업무에 실질적으로 도움이 될 수 있는 나라로 해외연수나 유학을 가는 경우는 극히 드물다.

대부분의 해외연수와 출장이 미국으로 치중되어 있다 보니 국회 사무처 사이트에 올라온 해외연수 보고서 역시 미국 법을 그대로 번역해놓은 것이 상당수를 차지한다. 왜 우리나라의 법체계와 맞지도 않고 각 주마다 법이 다르게 적용되어서 혼란을 가중시킬 수 있는 미국의 법안을 자꾸 베껴서 보고서랍시고 올리는지, 한심하기 짝이 없다. 심지어는 내가 해외의 입법 사례를 검색하면서 독일 자료를 뒤지고 있을 때 어떤 사람은 괜한 위화감 조성시키지 말라고 핀잔을 주기까지 했다.

보여주기 식 이벤트도 허다하다. 일을 한다는 것을 어필하기 위해 거짓 출장도 많이 간다. 뿐만 아니라 외국 나갈 욕심에 별의별 안건이 다 올라온다. 국회 업무와 전혀 상관도 없는 곳으로 '높으신 분' 모시고 가면서 스스로 대단히 열심히 일을 하고 있다고 착각함으로써 자신과 조직을 기만한다.

이 모든 비용은 국민의 주머니에서 나온다. 보여주기 식 이벤트로 해외출장을 가는 비용도, 개인적인 욕심이 앞선 해외연수와 유학에 지출되는 지원금도, 퇴근 후에 술자리에 있다가 불쾌한 얼굴로 사무실로 돌아오거나 집에 가서 아이들 밥 차려주고 저녁 시간 TV를 보다가 다시 옷 차려입고 와서는 야근 체크를 하는 사람들에게 지불되는 야근수당도 모두 국민의 주머니에서 나온 것이다. 하지만 일부 국회 공무원들은 국민의 돈은 주인 없는 돈이라고 생각하기 때문에 돈 아까운 줄을 모른다. 국회 법제실의 수준과 자질 문제는 국정감사 때 간간이 제기되었지만 여전히 시정되지 않고 있다.

국가는 공무원의 역량과 경쟁력을 강화하기 위한 여러 가지 방안을 내놓았지만 실효를 거두지 못하고 있다. 공직사회의 기강을 바로 잡겠다고 당근을 내밀고 채찍을 휘둘러도 공무원 조직은 복지부동이다. 특히 국회는 조직의 특수한 성격상 감사원의 영향력이 거의 미치지 않기 때문에 사실상 치외법권을 누리고 있다 해도 과언이 아니다. 이런 상황에서는 국회 자체적으로 내부에 혁신 시스템을 마련해서 자정의 노력을 기울여야 한다. 하지만 하루 종일 시간만 때우면서 세금을 축내는 이들을 심판하고 자극할 아무런 장치가 없기에 국회사무처 법제실은 앞으로도 꽤 오랫동안 미꾸라지들의 놀이터가 될 수밖에 없을 것이다.

지금까지 국회사무처 법제실 구성원들의 업무태만 행위를 꼬집었는데, 물론 법제실 모든 사람들이 그렇다는 말은 절대 아니다. 공직자로서의 정체성을 망각한 채 우물물을 흐리는 일부 미꾸라지 공무원의 행태일 뿐이다. 아무리 막나가는 조직이라 할지라도 백 퍼센트 완전무결하게(?) 구성원이 막장일 수는 없다. 국회에도, 그리고 국회 법제실에도 분명 공직자로서의 의무감과 올바른 의식을 가지고 제대로 열심히 일하는 사람들이 있다. 직접 그런 사람을 보았고 정말 존경스러운 분들이 국회를 지키고 있다는 사실에 안도하기도 했다. 하지만 이 사람들은 오랜 관행과 방만한 조직 운영에 길든 이들에 의해 사기가 꺾이고는 한다. 게다가 열심히 하는 분들은 이상하게도 승진이 잘 안 된다. 대부분의 조직에서는 설렁설렁 대충대충 일하다가 욕을 먹는다. 그런데 의욕적으로 열심히 일하다가 오히려

대한민국 국회의사당. 서울 여의도에 위치하고 있다.

핀잔을 들을 수 있는 조직이 바로 국회사무처 법제실이다.

　대한민국 「헌법」은 입법권이 국회에 속한다고 명시함으로써 국회에 막중한 권한과 의무를 부여했다. 실제로 입법을 하는 주체는 국회의원이지만, 국회의원이 올바른 입법 활동을 하기 위해서는 오랫동안 법제업무에서 실무를 쌓은 사람들의 도움이 반드시 필요하다. 더구나 법은 국민의 일상과 밀접한 관련을 맺고 있기에 대부분의 국민들은 법을 만드는 사람들의 직업정신이 투철하기를 기대한다. 여타의 공무원 조직이 그릇된 관행과 방만함에 휘청거릴지라도 국회만은 똑바로 서기를 바라는 것은 바로 이곳이 국민의 권익을 대변해서 법을 만드는 기관이기 때문이다.

국회 법제실, 그들은 과연 누구인가

　이 책을 접하기 전까지 국회에 입법조사처가 있는 것은 알아도 법제실이라는 조직이 있다는 사실은 몰랐던 독자가 꽤 있을 것이다. 그도 그럴 것이 대다수의 언론이 입법과 관련된 뉴스를 전할 때 입법조사처에서 만든 자료를 바탕으로 기사를 작성하기 때문에 입법조사처는 자주 거론해도 법제실은 거의 노출이 되지 않는다. 이미 알고 있었든, 오늘에야 알았든 이제 법제실이라는 조직이 있다는 사실을 알았으니, 이런 궁금증이 생길 것이다.

'국회 법제실에서는 어떤 사람들이 일할까?'

입법기관인 국회에서는 법안을 발의하는 국회의원들만큼이나 법제실의 역할이 중요하다. 법조인 출신 국회의원이라도 정치적 함수에 의해서 어느 한쪽에 유리하고 편향된 법을 입안할 수 있고, 법에 대해서 전혀 모르는 국회의원들은 이미 존재하는 우리나라의 법률체계에 혼란을 가져오는 법안을 입안하기도 한다. 이때 보편타당한 상식과 대한민국 헌법정신, 법률의 기본원칙에 의거하여 법안을 1차적으로 조율하고 조정하는 기관이 법제실이다. 그러니 이 책을 읽는 독자들께서는 법제실이 방만하게 운영되든 어떻든 그래도 일단은 법 전문가들이 일하고 있을 것이라고 생각할 것이다. 그런데 과연 그럴까?

먼저 국회를 구성하고 있는 공무원들을 분류해보자. 첫 번째가 선출직 공무원이다. 국민의 투표에 의해 선출된 국회의원이 선출직 공무원에 해당한다. 두 번째로 공개경쟁채용시험, 입법고시 등을 통해 임명된 임명직 공무원이 있다. 임명직 공무원들은 낮게는 9~8급에서 출발하여 순차적으로 승진하는 사람과 입법고시를 통해 사무관으로 임명되면서 5급부터 시작하는 사람이 있다. 그리고 세 번째가 계약직 공무원이다. 이 계약직 공무원들은 자기 분야의 전문성을 갖춘 사람들로서 국회와 한시적인 계약을 맺고 임시 공무원으로서 일하게 되는데, 나 같은 외부 전문 인력이나 의원실 소속의 보좌관 등이 이에 해당한다.

그런데 국회의 선출직, 임명직, 계약직 공무원은 다시 임시직과 종신직, 두 부류로 나눌 수 있다. 선출직과 계약직 공무원은 일정한 기간 동안 일하도록 되어 있는 임시직 공무원이고, 임명직 공무원은 큰 결격사유가 없는 한 정년을 보장받는 종신직이다. 따라서 의원실 소속 공무원들은 거의 모두가 임시직 공무원이고, 그 외 국회 내의 여러 기관에 소속된 공무원은 종신직이 대부분인데, 여기에 임시직인 계약직 공무원이 일부 섞여 있다.

특이한 사실은 일반 공무원과 달리 국회 공무원은 국회사무처에서 주관하는 공개경쟁채용시험 일명 '국회공무원시험'이라고 하며, 입법고시, 8급, 9급으로 분류된다을 통해 선발한다는 것이다. 국회에서 선발하고 임명한 이 국회 공무원들은 평생 국회에서만 근무한다. 국회에는 국회의 의정 활동을 지원하기 위해 국회사무처, 국회도서관, 예산정책처, 입법조사처를 두고 있는데, 가장 많은 인원이 근무하고 있는 조직이 국회사무처다. 국회사무처에는 13개의 중견 조직이 있고 다시 그 아래에 34개의 하위조직이 있다. 국회 공무원들은 이 조직들을 순환하면서 근무한다.

국회 공무원들은 행정부보다 승진체계가 빠르기 때문에 일반 공무원과 같이 출발해도 행정부 공무원보다 이른 나이에 높은 직급에 이른다. 게다가 어차피 국회의원이나 의원 보좌관들은 한시적으로 있다가 떠날 사람들이기 때문에 정년까지 국회에서 근무하는 이들 국회 공무원들의 자부심은 대단히 강하다.

국회 법제실을 아십니까?

여기까지는 그렇다고 치자. 국회라는 그럴싸한 직장에서 일하면 자부심이 강해질 수도 있고, 한 직장에서 오랫동안 근무하다 보면 조직과 자기 자리에 대한 애착이 커질 수도 있다. 문제는 법제실이다. 이미 밝혔듯, 법제실은 국회사무처의 다른 부서와는 달리 '법'이라는 매개를 통해 국민과 직접적으로 연결되어 있는 조직이다. 법이 잘못 만들어지고 악용되거나 오용될 소지가 있으면 그로 인한 피해는 전적으로 국민의 몫이 된다. 그래서 법제실 직원들이 수준 높은 정밀도를 가지고 업무에 임하기를 바라는 것은 당연한 일이다.

그런데 실상은 그렇지 않다. 국회 내에서도 법제실은 '쉬어가는 자리'라는 인식이 강하다. 입법고시 출신이나 변호사 특별채용을 통해 들어온 법 전문가들도 있지만, 9급이나 8급 공무원에서 시작해서 다른 부서에서 일하다가 5급 정도가 되면 순환보직에 따라 법제실에 들어오는 경우가 대부분이다. 그렇게 들어오면 기본 3년을 법제실에서 보낸다. 이들에게 전문성을 요구하기란 거의 불가능한 일이다. 국회 공무원 채용시험에서 법학 과목을 치르지만 그걸 가지고 '법 공부'했다고 말하면 어디 가서 욕먹기 딱 좋다. 정부의 법제처는 투철한 사명감을 갖고 10년 이상 근무한 전문 인력이 수두룩하지만, 국회 법제실은 법의 기초도 모르는 사람들로 채워져 있다. 그래서 '일 잘하는 전문가'가 특채로 들어오면 그들은 난감해질 수밖에 없다.

이게 현실이다. 일반 국민들은 국회에서 법을 조율하고 조정하는 사람들이 법을 전공한 전문가일 거라고 기대하겠지만, 실상은 법을 잘 모르는 일반인과 전혀 다를 바 없는 사람들이 법을 만들고 있다. 국회의 입법 기능을 보좌해야 하면서도 사실은 법에 관한 전문성을 전혀 갖추지 못한 조직이 바로 법제실인 것이다.

국회 법제실을 아십니까?

오노레 도미에(Honoré Daumier, 1808~1879)의 작품 〈L'Avocat(변호사)〉

Chapter 2 대한민국 입법이 흔들리고 있다
악법, 자질 부족과 전문성 결여가 만든 합작품

　2012년 7월 2일, 19대 국회가 공식적으로 개원하자마자 국회의원들의 법안 발의가 쇄도하기 시작했다. 항상 국회 개원 초기에는 국회의원들이 경쟁적으로 법안을 발의하는데, 19대 국회 때는 개원 50일 만에 모두 1,161건의 법안이 접수되어 단일 기간 법안 발의 신기록을 수립했다. 이 가운데 철회한 4건과 수정 가결한 법안 2건을 제외한 1,155건이 2012년 8월 21일 현재 국회에 계류 중이다. 계류 중인 법안들 가운데 정부제출법률안은 96건이고, 의원발의법률안은 1,059건이다.

　국회 개원 초기에 국회의원들이 법안 발의에 전력투구하는 가장 큰 이유는 의욕이 앞서기 때문이다. 학기 초에 학생들이 열심히 공부하겠다는 각오를 다지는 것과 비슷한 모양새다. 그런데 한 가지 이상한 현상을 발견할 수 있다. 국회의원 수가 비약적으로 늘어난 것도 아닌데 국회 의석 수는 16대 273, 17대 299, 18대 299, 19대 300이다 법안이 발의되는 건수는 매 국회 때마다 100% 이상의 증가율을 보이고 있다. 국회가 거듭될수록 국회의원들의 입법 능력이 향상되기 때문일까? 설령 그렇다 치더라도 어떻게 전 대의 국회보다 2배가 넘는 법안이 발의될 수 있는지 의문스럽지 않을 수 없다. 그 이유를 밝히기 위해 19대 국회 개원 초기에 기록적인 수치를 보인 법안 발의 현상의 속내를 들여다보자.

폐기된 법안을 재활용하다

앞서 밝혔듯, 19대 국회는 개원 50일 만에 모두 1,059건의 의원발의법률안이 발의되었다. 그런데 사실 이 법률안 가운데 30% 이상은 18대 국회 때 발의되었다가 폐기된 법률안을 '재탕'한 것이다.

국회에 제출된 법안들은 여러 가지 이유로 폐기되는데, 그중에서 가장 큰 비중을 차지하는 폐기 사유가 '임기 만료'다. 예를 들어, 18대 국회의 A의원이 어떤 법안을 발의했다고 가정하자. 이 법률안은 본회의에 부쳐지기 전에 각 소관 상임위원회와 법제사법위원회 등을 거치면서 심의를 받아야 한다. 하지만 이미 너무 많은 법안이 발의되어 있을 때는 제대로 심의를 받을 수가 없을 뿐만 아니라 본회의에 부쳐지지도 않는다. 그렇게 발의만 된 상태로 있다가 18대 국회의 임기가 만료되면 A의원이 발의한 법안은 자동적으로 폐기되는 것이다.

새로운 국회가 개원을 하면, 일부 국회의원들 사이에서는 이 임기만료로 자동 폐기된 법안들을 차지하기 위한 속도전이 벌어진다. 앞서 예를 든 사례의 A의원이 만약 19대에 재선되지 못했다면, 이 폐기된 법안은 먼저 차지하는 사람이 임자다. 18대의 A의원이 발의했다가 자동 폐기된 법안을 B의원이 19대에 그대로 발의하면, 19대에 이 법안의 대표발의자는 B의원이 되고, B의원은 아주 손쉽게 발의 실적 하나를 올리는 것이다. 그런데 만약 18대의 A의원이 재선되어 19대에도 국회의원으로 활동하고 있다면? 그래도 먼저 차지하는 사람이 임자다.

국회의원들 대부분이 새로운 국회가 개원하면 이전에 자신이 발의했다가 임기 만료로 자동 폐기된 법안들을 재빠르게 다시 발의한다. 조금만 행동이 굼떴다가는 다른 의원에게 자신의 법안을 빼앗길 수 있기 때문이다. 이것을 국회에서는 '법안 새치기'라고 표현하는데, 엄밀히 말해서 '새치기'가 아니라 '훔치기'다.

국회의원들은 '법안 재탕'을 나쁘게 볼 것만은 아니라고 말한다. 이들은 이전 임기 때 발의했지만 국회 본회의에 부쳐지지 않아 사장된 좋은 법안을 다시금 논의의 장으로 불러내는 것이라는 명분을 내세운다. 한편으로 생각해보면 법안을 재탕하는 국회의원들의 이 같은 주장이 완전히 틀린 것은 아니다. 하지만 시간의 격차에 따른 상황의 변화를 전혀 감안하지 않고 아무런 고민 없이 폐기된 법안을 그대로 재활용하는 것은 입법부 구성원으로서 스스로의 전문성을 떨어뜨리는 부끄러운 행동이다. 자동 폐기된 법안을 재활용하더라도 그 법안이 왜 논의 대상에서 제외되었는지 분석해서 그 가운데 옥석을 가리는 작업부터 선행해야 한다. 그러나 분초를 다투는 속도전 속에서 어떻게 법안을 꼼꼼히 분석하는 여유를 가질 수 있겠는가.

국회의원들이 국회 개원 초기에 이처럼 법안 발의에 열을 올리는 이유는 의정 활동 평가 항목에서 법안 발의 실적이 적지 않은 비중을 차지하기 때문이다. 이 같은 평가 시스템은 반드시 시정되어야 한다. 질을 따지지 않고 양으로 평가하는 것은 무분별하게 법안을 발의하게 해서 '법안 공해'를 유발하고, 따라서 정작 민생과 사회 갈등, 국가의 미래를 위해 반드시 다루어야 할 사안이 뒷전으로 밀릴 수 있기 때문이다.

다음은 2009년 모 언론사가 발표한 기사다. '질'은 뒷전인 채 '양'만 추구하는 국회 관계자들의 구태의연한 발상이 이 기사를 통해 그대로 드러나고 있다.

국회사무처의 법제실은 제18대 개원 이후 5월 12일 현재,

법률안 입안 건수가 3,000건을 돌파했다고 밝혔다. 법제실의 법률안 입안 건수는 계속 증가 추세를 보이고 있는데, 제16대 국회 1,682건, 제17대 국회 4,399건, 제18대 국회에 와서는 개원 11개월 만에 3,000건을 입안하는 실적을 나타냈다. 이러한 추세라면 제18대 국회 법률안 입안이 10,000여 건에 달할 것으로 예상하고 있다.

기사에서 보듯, 16대 국회보다 17대 국회의 법률안 입안 건수가 2.5배 많아졌으며, 18대 국회는 17대 국회 법률안 입안 건수의 2배가 넘을 것이라고 예측하고 있다. 입안 건수만 놓고 본다면 의원 입법이 비약적인 성장을 하고 있는 것으로 보인다. 국회 법제실도 이러한 사실이 매우 고무적이었던 듯하다. 아마도 국회 법제실의 보도자료를 그대로 옮긴 듯한 이 신문기사의 뒷부분은 이렇게 장식되어 있다.

의원 입법이 이와 같이 성장, 발전하고 있는 이유는 국회가 입법부로서의 본래 기능을 회복하고 그 기능을 충실히 행하고 있기 때문인 것으로 분석되고 있다. 또 최근에 의원 입법이 증가하게 된 배경은 제18대 국회의원 총선거에서 공약 사항을 이행하고, 최근 발생한 경제 위기를 타파하기 위한 방안을 입법화하며, 민주화와 더불어 국회 운영

절차를 합리화함으로써 국민으로부터 신뢰받는 국회를
만들려는 취지가 법률에 담긴 것으로 해석되고 있다.
의원 입법이 성장, 발전하게 된 이면에는 또 법제실의 역
할이 주목되고 있다. 국회 법제실의 법률안 입안 건수의
증가와 더불어 국회를 통과하는 의원 입법이 증가하고 있
는 것이 법제실의 중요성을 증명하고 있다.

국회와 법제실은 이 기사를 통해 몇 가지 '메시지'를 독자에게 주입하고 있다.

그 첫 번째는, 18대 국회가 과거 파행적으로 운영된 국회19대 국회는 18대 국회 역시 파행 국회였다고 평가할 것이다와의 단절을 시도하고 '본래의 기능'을 회복했음을 강조함으로써 쇄신 이미지를 형성하고 있다는 것이다. 두 번째는 국회와 법제실 모두 굉장히 열심히 일하고 있다는 인상을 주고 있다. 그리고 세 번째는 의원 입법이 증가함과 함께 국회 법제실의 중요성을 부각시키는 것이다.

그런데 이 기사는 교묘하게 꼼수를 쓰고 있다. 16대, 17대, 18대 국회를 거치면서 의원 발의 입안 건수가 비약적으로 늘어나는 것을 두고 국회의 입법 기능이 성장·발전하고 있다고 말하고 있지만, 입안 건수 대비 국회 가결 비율을 따져보면 오히려 16대에 비해 17대 국회가, 17대에 비해 18대 국회가 헛힘을 쓰고 있다는 사실을 알 수 있다.

의안정보 시스템 http://likms.assembly.go.kr/bill/jsp/StatFinishBill.jsp의 처리의안통계를 보면, 16대 국회의 의원 발의 입안 건수는 1,912건(의원 발의법률안, 위원회제안법률안을 합친 것이다. 이하 마찬가지다)이고 가결된 건수는 517건(법률 제정과 개정을 포함한 것)이다. 17대 국회 의원 발의 입안 건수는 6,387건이고 가결된 건수는 1,352건이다. 그리고 18대 국회의 의원 발의 입안 건수는 12,220건이고 가결된 건수는 1,663건이다. 17대와 18대를 비교해보면, 입안 건수는 5,833건 늘어난 데 비해 가결 건수는 311건 늘어나는 데 그쳤다. 법안 가결율을 따져보면 16대 국회가 27%, 17대 국회가 21.2%, 18대 국회가 13.6%의 비율을 보였다. 그만큼 18대 국회에는 입안된 법안은 많지만 폐기되고 철회된 것이 많았다는 이야기다.

이 같은 통계를 보면, 법안에 대한 고민 없이 실적 위주의 발의를 하는 것이 국회 개원 초기에만 일어나는 일이 아니라, 임기 중의 전반적인 현상임을 알 수 있다. 그렇다면 국회의원들은 어떻게 해서 발의 건수를 늘리는 것일까? 한 가지 예를 들어서 설명하겠다.

고민 없이 만들어지는 법안 공해들

내가 법제실에서 근무하던 시절, 청소년 범죄가 흉악해지고 증가하면서 법적 책임을 지지 않는 형사상 미성년자의 연령이 14세 미만으로 되어 있는 것을 더 낮추어야 한다는 여론이 들끓었다. 그러자 A의원실로부터 형사상 미성년자의 연령을 13세 미만으로 하자는 내용의 법률 개정안을 만들어달라는 의뢰가 들어왔다. 다시 얼마 지나지 않아 B의원실에서 같은 내용의 의뢰가 들어왔다. 그래서 이미 다른 의원실에서 같은 내용의 입안 의뢰가 들어왔다고 이야기하자 B의원실에서는 "그러면 우리는 12세로 하죠"라고 즉석에서 내용을 고쳤다. 자, 이러면 2건의 의원 발의 입안 접수가 된 것이다. 실적 2건!

사회적으로 중대한 사건이 터지면 그 사건과 관련된 법률안이 여기저기서 쏟아져 들어온다. 대부분이 여론을 의식한 법률안들인데, 내용은 거기서 거기다. 이것들 역시 독립 건수로 처리된다.

또 사회적으로 큰 문제가 되는 범죄가 성행하면 어김없이 관련 범죄의 처벌 형량을 높여야 한다는 목소리가 튀어나온다. 그러면 의원실에서도 처벌 형량을 올리자는 입안 의뢰가 들어온다. 어떤 의원은 10년형으로 하자, 어떤 의원은 12년형으로 하자며 마치 경매를 하듯 입안을 의뢰한다. 이것들 역시 각각 독립 건수로 처리된다.

또 이런 경우도 있다. 의안정보 시스템을 비롯한 국회의 전산망은 적법성 여부나 이미 존재하는 법률과의 충돌, 국민 기본권 침해, 접수한 의원의 임기 만료 등의 사유로 폐기된 법률을 열람할 수 있도록 하고 있다. 따라서 의원이 어떤 법률을 입안할 때는 자신이 입안하고자 하는 내용이 과거에 폐기된 사례가 없는지, 있다면 왜 폐기

악법은 어떻게 탄생하는가

입법자들이 법안을 남발하면서 스스로 입법의 권위를 무너뜨리고 있다.

되었는지를 살펴보아야 한다. 하지만 일부 몰상식한 의원과 보좌관들은 이러한 최소한의 과정조차 거치지 않는다. 일단 말이 되든 안 되든 입안 접수부터 하고 본다. 그러면 입안 실적이 늘어나기 때문이다.

그 다음이 중요한데, 의도적이었든 실수였든 의원실 측에서 이미 폐기된 적이 있는 내용의 법률안을 의뢰하면 법제실에서는 그 법률안의 내용이 이미 폐기된 적이 있다는 것을 알리고 정중히 되돌려 보내거나 시간의 격차 때문에 발생하는 상황 변화에 맞게끔 내용을 수정하도록 협의해야 한다. 그런데 법제실에서는 그렇게 하지 않는다. 그 법률안을 그대로 접수한 뒤에 과거에 이미 썼던 문구를 그대로 적용해서 의원실에 전달한다. 법제실에서는 이런 행위를 '법안 튕기기'라고 하는데, 이 법안 튕기기로 손쉽게 국회의원은 입안 실적을 하나 올리고 법제실도 접수 실적을 하나 올린다. 윈윈 전략이고 짜고 치는 고스톱이다.

정리하자면, 16대, 17대, 18대를 거치면서 의원발의법률안의 발의가 늘어나고 법제실에 접수되는 입안 의뢰 건수가 늘어나는 것은 과거에 폐기된 법안을 손쉽게 재활용하기 때문이다. 앞으로 19대, 20대를 거치면 의원 발의 입안 건수는 마치 과거의 국회와 경쟁이나 하듯 비약적으로 늘어날 것이다. 이렇게 부풀려지는 숫자놀음으로 국민에게 '우리가 아주 열심히 일하고 있다'는 이미지를 각인시킨다.

국회와 법제실은 비약적으로 늘어난 의원 발의 건수를 실적이랍시고 자랑해서는 안 된다. 오히려 입안 건수가 비약적으로 늘어나고 있다는 것은, 그만큼 국회의원들이 법률을 만들 때 고민을 하지도 않고 신중한 자세를 취하지도 않고 있으며, 법제실은 거기에 맞장구를 치고 있다는 사실을 반증하는 것이기 때문이다. 질적 향상을 담보하지 않는 양적 팽창은 인력과 예산을 불필요하게 소모시킬 뿐이다. 뿐만 아니라 무분별한 마구잡이식 법안 발의는 각 소관 상임위원회가 심층적으로 법안을 검토할 시간과 여유를 빼앗고, 정작 시급하게 다루어야 할 법안이 논의조차 되지 못한 채 자동으로 폐기되게 만든다. 국회와 법제실은 더 이상 숫자놀음으로 실적 운운하며 국민을 기만하지 않기를 바란다.

과연 국회의원들에게 입법을 맡길 수 있는가

2012년 19대 국회가 개원하기 전 국회의원들은 새로운 임기를 맞으면서 '특권을 내려놓겠다'며 쇄신의 각오를 다졌다. 언제나 되풀이되어 온 장면이었기에 특별할 것도 없었다.

그런데 9월 5일에 기가 막힌 뉴스를 접했다. 19대 국회의 국회의원 세비가 18대 국회 때의 평균 세비보다 20.6% 인상되었

세비(歲費)
① 국가기관에서 일 년 동안 쓰는 경비
② 국가기관이 관료 등에게 지급하는 돈
③ 국회의원이 지급받는 수당 및 활동비

다는 뉴스였다. 금액으로 따지면 2,326만 원이었다. 더 어이가 없었던 것은 이렇게 국회의원 세비가 인상되었지만, 국회의원들과 측근들 말고는 어느 누구도 이 사실을 알지 못했다는 점이다. 이 사실이 알려진 것은 9월 4일 열린 한 회의에서 튀어나온 모 의원의 '입방정' 때문이었다.

"19대 국회의원 세비가 18대 국회보다 20% 더 늘었으니 그만큼 의원 개개인의 생산성이 올라가야 한다."

이 의원의 발언이 아니었다면 국회를 출입하는 기자들조차도 국회의원의 세비가 20.6%나 인상되었다는 사실을 까맣게 몰랐을 것이다. 일종의 함구령이 내려진 모양인데, 이럴 때 보면 여야를 막론하고 참 제대로 뭉친다. 이 사실이 '들통'나자 몇몇 국회의원들은 세비 인상분을 자진 반납하자는 움직임을 보였지만, 이런 말은 '특권을 내려놓겠다'는 국회 개원 초기의 각오만큼이나 진부하게 들릴 뿐이다.

게다가 국회운영위원회의 모 의원이 밝힌 세비 인상 이유는 다시 한 번 우리를 허탈하게 만든다. 그는 국회의원의 세비를 인상한 이유가 '의원 세비가 차관보 수준보다 낮기 때문'이라고 밝혔다. 여기서 나는 두 가지 충격을 받았다. 첫 번째는 장관이나 차관도 아닌 차관보에게 그렇게나 많은 세비가 지급되고 있었다는 사실이었고, 다른 하나는 국회의원들이 자신들의 직위에 관한 품격이나 중요성을 '사명'이 아닌 '돈'이라는 잣대로 매기고 있다는 점이었다. 그들은

'국회의원'이라는 자리를 4년 임기가 보장된 고연봉 직종쯤으로 생각하고 있는 것일까? 과연 이런 국회의원들에게 입법을 맡길 수 있을까?

민의를 대신해서 법을 만들어야 할 국회의원들이 지금까지 국민으로부터 칭찬을 받았던 적이 몇 번이나 있었는지 궁금하다. 국회의원은 으레 욕을 먹는 사람들이라는 인식이 팽배한 가운데 후안무치厚顔無恥가 국회의원의 한 가지 자격 요건으로 자리 잡은 것만 같다. 잇속 챙기기와 당론, 정파 간의 다툼 속에서 국민은 항상 가장 말석으로 밀려나 있었다. 이와 같은 국회의원의 자질 부족과, 앞서 다루었던 입법 지원 조직의 전문성 결여, 방만한 조직 운영은 대한민국 입법의 총체적 부실을 초래하고 있다. 이런 상황에서는 대중 여론의 비판을 잠재울 목적으로 섣부른 법안을 내놓을 가능성이 커진다. 그리고 이렇게 섣부르게 탄생한 법안은 오히려 국가와 국민의 미래를 어둡게 만들 수 있다. 2012년 4월에 효력이 발생된 「의료사고 피해구제 및 의료분쟁 조정 등에 관한 법률」의 '한국의료분쟁조정중재원'과 관련된 사항이 대표적인 경우다.

형평성에 어긋난 법이 혼란을 가중시킨다

2011년 4월 7일 국회는 「의료법」 제7장에 명시되어 있었지만 유명무실했던 의료심사조정위원회의 역할과 기능을 보완하기 위해 「의료법」의 특별법인 「의료사고 피해구제 및 의료분쟁 조정 등에 관한 법률」을 통과시켰다. 이에 따라 「의료법」 제7장에 있던 '분쟁의 조정' 내용은 전면 삭제되었고, 2012년 4월 8일부터 특별법에 명시된 한국의료분쟁조정중재원이 의료사고와 의료분쟁에 관한 조정과 중재 역할을 맡게 되었다.

의료분쟁은 의료행위가 탄생한 순간부터 존재해온 인류의 오랜 숙제다. 지금으로부터 약 4,000년 전에 만들어진 함무라비 법전에도 의료과실에 대한 조항이 기록되어 있을 정도다. 이 기록은 고대 사회에서부터 이미 의료행위에 대해서 국가와 법이 개입하고 있었음을 말해준다.

의사의 의료행위는 환자의 동의와 법적인 장치 안에서 합법적으로 행해지는 신체 훼손 행위라고 할 수 있다. 하지만 합법적으로 행해진 의료행위라 할지라도 결과가 나쁠 때는 분쟁이 일어나기도 한다. 이때 환자 측은 의사를 상대로 형사상 책임과 민사상 손해배상을 청구하게 된다. 하지만 의료행위에 대한 자료를 의사와 병원 측이 쥐고 있기 때문에 일반인이 병원을 상대로 법정 싸움을 한다는 것은 대단히 피로한 일이다. 의료행위와 결과에 관한 인과관계는 소를 제기한 환자 측이 입증하도록 되어 있다. 특히 의료행위에 관한 법정 투쟁은 의사의 과실 유무를 판단하기가 매우 까다롭

> **의료사고 피해구제 및 의료분쟁 조정 등에 관한 법률**
> 제6조(한국의료분쟁조정중재원의 설립)
> ①의료분쟁을 신속·공정하고 효율적으로 해결하기 위하여 한국의료분쟁조정중재원(이하 "조정중재원"이라 한다)을 설립한다.

기 때문에 소송 기간이 길고 ^{평균 26.3개월} 비용이 만만치 않기 때문에 ^{1심 변호사 비용만 평균 500만 원} 경제적 여유가 없는 사람들로서는 소송을 할 엄두조차 내기 힘든 것이 현실이다.

이런 상황에서 국가가 국민의 고충을 덜어주겠다는 취지로 의료분쟁조정중재원을 만든 것은 우선 반길 일이다. 게다가 「의료사고 피해구제 및 의료분쟁 조정 등에 관한 법률」은 조정 심의 기간이 짧고 의료사고로 판별이 되었을 때 피해자가 받게 되는 보상을 국가가 보증한다는 조항 등이 명시되어 있어 잠정적 환자라고 할 수 있는 대다수의 국민은 이 법률을 환영하는 입장을 보였다. 그런데 과연 이 특별법이 국민에게 이롭기만 한 것일까?

의료분쟁조정중재원은 의료사고를 당한 피해자에 대한 보상 규정을 두 가지 두고 있는데, 첫 번째가 손해보상금대불제도이고, 두 번째가 불가항력 의료사고에 대한 보상 지급 규정이다.

손해보상금대불제도는 의료기관 측의 과실이 인정되었으나 의료분쟁조정중재원이 정한 보상금을 의료인이나 의료기관이 피해자에게 지급하지 않을 때 의료분쟁조정중재원이 대신 보상금을 지급한다는 규정이다. 그리고 불가항력 의료사고에 대한 보상 지급 규정은 의사가 충분한 의무와 소신을 다하였지만 어쩔 수 없이 발생한 의료사고에 대해서 피해자에게 보상을 해주는 제도다. 국가가 보상을 보증하고, 의사의 과실이 없는 의료사고 ^{불가항력 의료사고}까지도 보상을 해준다고 하니 환자 입장에서는 대단히 환영할 일이다.

문제는, 보상금을 지급하기 위해서는 재원이 마련되어야 하는데, 이 특별법에 의하면 재원을 조성하는 책임의 상당 부분을 의사와 병원 측에 부과하고 있다는 점이다. 그리고 정부는 이 법률 조항에 근거하여 국민건강보험관리공단에서 의사들에게 지급하는 요양급여비용 가운데 일부를, 재원을 마련한다는 이유로 강제 징수했다. 의료사고를 일으키지 않은 의사들에게까지 일종의 '연대책임'을 지운 것이다.

정부는 이러한 강제 징수 방침에 대해 "어느 의사든 의료사고를 낼 수 있다는 점에서 의사들이 위험을 분담하는 제도"라고 설명했지만, 마치 가압류 당하듯 요양급여비용의 일부를 징수 당한 의사들은 크게 반발하고 있다. 사실 재원을 마련하기 위해 요양급여비용 등에서 징수하는 금액은, 개인의원의 의사인 경우 3만~10만 원 정도다. 병원급은 100만 원, 상급 종합병원은 600만 원인데, 병원과 종합병원은 의료기관의 대표가 납부하는 방식을 취한다. 의사들이 정부의 방침에 단체행동을 하면서 반발하는 것을 두고 국민들은 소득이 상위 클래스에 있는 의사들이 쩨쩨하게 군다고 손가락질할지도 모른다. 또 복지를 향상시키려는 정부의 노력에 의사들이 찬물을 끼얹는다고 아니꼬운 시선으로 바라볼 수도 있다. 하지만 의사가 어떻게 해볼 수 없는 불가항력 의료사고에 대해서도 30%의 보상책임을 지운 것에 대해서는 깊이 생각해보아야 한다.

이런 상황을 가정해보자. 출산이 임박한 산모가 병원에 도착했다.

악법은 어떻게 탄생하는가

> **의료사고 피해구제 및 의료분쟁 조정 등에 관한 법률**
> 제46조(불가항력 의료사고 보상)
> ①조정중재원은 보건의료인이 충분한 주의의무를 다하였음에도 불구하고 불가항력적으로 발생하였다고 의료사고보상심의위원회에서 결정한 분만(分娩)에 따른 의료사고로 인한 피해를 보상하기 위한 사업(이하 "의료사고 보상사업"이라 한다)을 실시한다.
> ②보건복지부장관은 제1항에 따른 의료사고 보상사업에 드는 비용의 일부를 예산의 범위에서 지원할 수 있다.
> ③조정중재원은 제1항에 따른 의료사고 보상사업에 드는 비용의 일부를 보건의료기관 개설자 등 대통령령으로 정하는 자에게 분담하게 할 수 있다.
>
> **의료사고 피해구제 및 의료분쟁 조정 등에 관한 법률 시행령**
> 제21조(보상재원의 분담비율 등)
> ①법 제46조제1항에 따른 의료사고 보상사업에 드는 비용(이하 이 조에서 "분담금"이라 한다)은 다음 각 호의 구분에 따라 부담한다.
> 1. 국가: 100분의 70
> 2. 보건의료기관 개설자 중 분만(分娩) 실적이 있는 자: 100분의 30

그런데 산모의 상태가 굉장히 위독하다. 아이를 포기해야 할지도 모른다. 아니, 아이와 산모 둘 다 위험한 상태다. 이때 의사는 「의료법」 제15조 진료거부 금지 조항 때문에 법적으로 환자를 거부할 수 없다. 의사는 혼신의 힘을 다했지만 결국 산모와 신생아 모두 죽고 말았다. 화타가 살아온다 한들 되돌릴 수 없는 상황이었지만, 의사는 불가항력 의료사고 보상 규정에 따라 보상금의 30%를 떠안아야 한다. 이런 일을 겪고 난 뒤에 이 의사는 어떤 선택을 하게 될까? 이 의사가 할 수 있는 최선의 자기방어는 병원의 진료과목에서 분만을 빼버리는 것이다. 문제는 여기서 그치지 않는다. 의학도들은 불가항력 의료사고에 처할 위험성이 높은 산부인과나 흉부외과, 외과를 기피할 것이다. 의학도들이 의료사고가 잦은 과목을 기피하는 현상은 어제오늘의 일이 아니다.

현실 상황을 고려하지 않은 법률이 만드는 미래

2007년 이후 우리나라는 세계 최저 수준의 출산율로 인해 병원

운영이 악화되고 출산 인구가 고령화되면서 의료사고 위험이 커지자, 분만을 포기하는 산부인과가 급격하게 늘어나고 있는 추세다. 2007년 1,011곳이었던 분만 산부인과는 2011년 현재 763곳으로 줄어들었고, 2012년 8월 현재 전국적으로 분만 산부인과가 전혀 없는 시·군·구가 54개 지역이나 된다. 이런 상황에서 분만을 하는 의사들에게 불가항력 의료사고에 대해서 30%의 보상 책임을 지운 것은 신생아들의 분만을 맡고 있는 의사들에게 사형선고를 내린 것이나 마찬가지다.

의료분쟁조정중재원에서 분쟁 조정을 담당할 감정단의 인적 구성에 대해서도 의사들은 우려하고 있다. 이 특별법의 제26조에 의하면 각 분야·대상·지역별로 감정단을 구성하면서 각각의 감정단은 의료인이 2명, 법조인이 2명, 민간단체 인사 1명으로 구성되는데, 법조인 중 1인은 반드시 검사로 배정해야 한다는 조항을 두었다. 의사들이 반발하는 것은 감정단에서 의료인이 과반을 넘지 못한다는 점, 그리고 법조인에 반드시 검사를 배정하도록 한 점 때문이다.

의사들은 의료인이 과반을 넘지 못하기 때문에 의료인 감정위원의 전문 견해가 나머지 위원들의 의견에 묻힐 가능성이 있고, 또 의료인 감정위원 2인의 견해가 서로 다를 때 의료인이 아닌 감정위원들로서는 올바른 판단을 내리기 힘든 점을 문제점으로 지적하고 있다. 게다가 법조인 감정위원에 검사가 포함되면 조사 과정에서 검사 특유의 강압적 조사가 이루어질 수 있고, 이 과정에서 의료사고 조

악법은 어떻게 탄생하는가

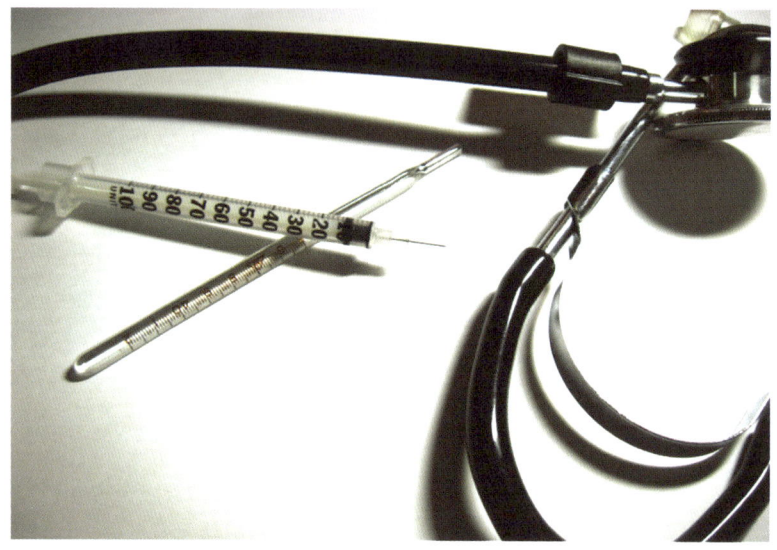

현실을 고려하지 않는 법과 제도로 인해
의료사고 위험성이 높은 과목의 의사들이 설 자리를 잃고 있다.

사 대상자인 의사가 피고인 대접을 받을지도 모른다고 우려한다. 때문에 수련 과정이 힘든 데다가 수술이 많은 탓에 의료사고 발생 비율이 높아서 그렇지 않아도 의학도들의 지원율이 형편없이 저조한 외과, 흉부외과 등은 이로 인해 수련의의 씨가 마를지도 모른다는 어두운 전망들이 나오고 있다.

이처럼 흉부외과, 외과 등 의료사고 위험성이 큰 과목의 의사들이 급격히 줄어드는 바람에 외국인 의사를 수입해야 한다는 위기설이 대두되던 터에, 법적으로 불가항력 의료사고에 대해서도 보상책임을 산부인과 의사들에게 지움으로써 분만마저 해외에 의존해야 하는 상황이 발생하지 않을까 우려된다. 실제로 일각에서는 단순히 아이를 낳기 위해 해외로 원정출산을 떠나는 것이 먼 미래의 일이 아니라고 말하고 있다.

「의료사고 피해구제 및 의료분쟁 조정 등에 관한 법률」은 의료 공급자와 의료 소비자 사이에 분쟁이 발생했을 때 법적 절차를 간소화하고 가급적 빠른 합의를 유도함으로써, 의료인 측과 환자 측 사이에 발생하는 사회비용을 절감하자는 취지로 제정되었다.

의료분쟁에 관한 법률이 아직 존재하지 않았던 1988년, 이와 관련된 법을 만들어달라고 먼저 요청한 쪽은 의료계였다. 그 이후 '의료분쟁법'은 매 국회 때마다 법안이 발의되고 중요 사안으로 부각된 '뜨거운 감자'였다. 의료인과 환자 모두를 만족시킬 수 없어 23년 동안 표류하던 법안이 우여곡절 끝에 드디어 2011년 국회를 통과하고

2012년 효력이 발생된 것이다. 그러나 시행 초기부터 의사들은 의료분쟁조정중재원의 조정신청에 응하지 않겠다며 단체행동으로 맞서고 있다. 의료분쟁의 당사자가 조정신청에 응하지 않을 경우, 분쟁은 소송으로 넘어간다. 그러면 이 법률은 있으나마나 한 법이 되는 것이다.

대척점에 있는 두 집단의 합의를 유도하면서 두 집단 모두를 완벽하게 만족시키기란 현실적으로 불가능하다. 현재의 사태로 보아 당분간 이 법률이 파행적으로 운영되는 것은 불가피해 보인다. 실제로 벌써부터 몇 가지 조항에 대해서는 이미 법률 개정안이 발의된 상태다.

새롭게 만들어진 법이 시행 초기부터 사회적으로 안착하기란, 우리나라에서는 특히 드문 일이다. 새로이 제정된 법률이 잡음 없이 안착하는 경우는, 국민들이 그런 법이 있는지조차 모를 때가 거의 유일하다 할 수 있다. 「의료사고 피해구제 및 의료분쟁 조정 등에 관한 법률」이 시행 초기부터 잡음과 말썽이 많은 것은 그만큼 이 법률에 대한 의료계와 국민의 관심이 뜨겁다는 사실을 반증하는 것이다. 또 그만큼 이 법률이 우리 국민의 생활 가까이에 접근해 있음을 보여준다.

당장의 법률 조항들이 대다수의 국민을 만족시키고 이득을 준다 할지라도 그것이 어느 한쪽의 일방적인 손해를 유발함으로써 얻어지는 것이라면 그 법률은 존속하기 어렵다. 그런데도 정부가 법의 강제력에 근거하여 손해를 보는 한쪽을 누르려 한다면, 새로운 문제들이 파생되기 마련이고 장기적인 관점에서는 오히려 국민들에게 불이익을 끼치는 결과를 가져올 수 있다.

23년의 산고 끝에 소중한 법이 만들어졌다. 지금은 난항을 겪고 있지만, 「의료사고 피해구제 및 의료분쟁 조정 등에 관한 법률」은 여러 가지 시행착오를 거치면서 사회 구성원 모두가 보편적으로 합의할 수 있는 방향으로 진화하리라 믿는다. 하지만 만약 불합리한 시행령 때문에 이 법률이 유명무실해진다면, 의료분쟁을 둘러싼 소모적인 싸움은 우리 사회에 이전보다 더 큰 피로감을 안길 것이다.

Chapter 3 법이 우리 모두를 '특별'하게 만들어줄 것이다
특별법 남발이 초래한 혼란

「형법」과 관련한 학회가 있어 정선의 한 호텔에서 묵은 적이 있다. 정선에 카지노가 있다는 사실은 예전부터 들어 알고 있었다. 일전에 호주와 네덜란드에 들렀을 때 카지노를 구경했던 기억이 나 우리나라 카지노는 어떻게 생겼을까 궁금증이 일었다. 그래서 일행과 함께 카지노로 향했다.

들어서는 순간, 입이 쩍 벌어졌다. 오스트레일리아와 네덜란드 카지노도 꽤 화려했던 기억이 있는데, 눈앞에 펼쳐진 정선 카지노의 광경은 한마디로 '별세계'였다. 웅장한 건물 크기에 일단 압도당했다. 조명은 휘황찬란했고, 실내는 화려했다. 테이블마다 빈틈없이 사람들이 들어차 게임에 열중하고 있었다. 도대체 이 많은 사람들이다 어디서 왔을까? 정선 카지노는 성황을 이루고 있었다.

하지만 다음 날 정선 군내를 돌아다니며 나는 눈살을 찌푸리지 않을 수 없었다. 전당포가 1미터 간격으로 다닥다닥 붙어 있었고 가게마다 '차, 핸드폰, 금속 다 받습니다'라고 적힌 현수막과 입간판을 내걸고 있었다. 카지노에 놀러 왔다가 차 팔고, 핸드폰 팔고, 장신구 팔고, 금니까지 팔았다면 그건 볼 장 다 봤다는 이야기다. 그런데 얼마나 찾는 사람이 많으면 이렇게 전당포가 성업을 하나 싶어 눈이 의심스러웠다. 우스갯소리로 도박에 빠져들면 마누라까지 맡긴다는 말이 있는데, 그 말이 조금 과장되기는 했지만 완전히 터무니없는 소리만은 아닌 것 같았다.

법은 도박을 금하고 국가는 도박을 권한다

정선에 카지노강원랜드가 문을 연 것은 2000년 10월 28일이었다. 이후로 2012년 3월, 몰래카메라 사건이 터지기 전까지 단 하루도 쉬는 날 없이 줄곧 문전성시를 이루었다. 정선의 경제를 책임지던 탄광산업이 사양길에 접어들면서 정부는 지역경제를 살리기 위해 이곳을 관광산업 전략거점으로 활용하겠다는 계획을 세우고, 당시만 해도 우리 국민의 정서에 생소했던 카지노를 유치했다. 누구의 아이디어였는지는 모르지만, 이곳을 찾는 사람들의 발길이 끊이지 않는 것으로 보아 외형적으로는 일단 성공적이라고 평가할 수 있다. 그런데 과연 이것을 두고 '성공'이라고 말할 수 있을까?

내가 고리타분한 사람이어서 그런지 모르지만, 나는 카지노와 도박이 어떻게 다른지 도대체 모르겠다. 카지노 측에서는 '건전한 레저'라고 홍보하고 있고, 국가가 유치한 곳이기 때문에 '합법적'이라고 말한다. 하지만 우리 「형법」 제246조에는 엄연히 도박을 금지하는 법조항이 포함되어 있다. 뿐만 아니라 영리를 목적으로 도박장을 여는 것을 금지하는 조항도 있다. 그렇다면 정선 카지노에서 사람들이 하는 것은 '도박'이 아닌가? 정선 카지노는 영리를 목적으로 하지 않는가?

정부는 정선 카지노를 유치하기 위해 「폐광지역 개발 지원에 관한 특별법」을 만들어 정선 지역에서의 카지노를 합법화했다. 「형법」에서 금하고 있는 사항을, 특별법을 만들어 출구를 열어놓은 것이다. 결국 이 두 가지 법을 동시에 적용해보면, '원래 도박은 하면 안 되는 것이지만, 나라에서

형법
제246조(도박, 상습도박)
①재물로써 도박한 자는 500만 원 이하의 벌금 또는 과료에 처한다. 단, 일시 오락 정도에 불과한 때에는 예외로 한다.
②상습으로 제1항의 죄를 범한 자는 3년 이하의 징역 또는 2천만 원 이하의 벌금에 처한다.

제247조(도박개장)
영리의 목적으로 도박을 개장한 자는 3년 이하의 징역 또는 2천만 원 이하의 벌금에 처한다.

관광진흥법
5조(허가와 신고)
①제3조제1항제5호에 따른 카지노업을 경영하려는 자는 전용영업장 등 문화체육관광부령으로 정하는 시설과 기구를 갖추어 문화체육관광부장관의 허가를 받아야 한다.

폐광지역 개발 지원에 관한 특별법
제11조(「관광진흥법」 적용의 특례)
①문화체육관광부장관은 폐광지역 중 경제사정이 특히 열악한 지역으로서 대통령령으로 정하는 지역의 한 곳에만 「관광진흥법」 제21조에 따른 허가요건에도 불구하고 같은 법 제5조제1항에 따른 카지노업의 허가를 할 수 있다. 이 경우 카지노업의 허가를 할 때에는 관광객을 위한 숙박시설, 체육시설, 오락시설 및 휴양시설 등(그 시설의 개발추진계획을 포함한다)과의 연계성을 고려하여야 한다.

*정리하자면, 「형법」에서는 원칙적으로 도박 행위와 도박장 개설을 금지하고 있으나, 「관광진흥법」에서는 일정한 조건 아래에서 도박장 개설을 허가하고 있다. 정선은 「관광진흥법」이 규정한 카지노업 허가 요건을 충족시키지 못하지만, 다시 「폐광지역 개발 지원에 관한 특별법」으로 특별히 카지노를 개장할 수 있게 된 것이다. 단, 「관광진흥법」과 「폐광지역 개발 지원에 관한 특별법」 모두 '건전한 발전'이라는 단서를 두고 있다.

지정한 곳에서는 해도 된다'는 뜻으로 풀이할 수 있다.

카지노 측 대표는 카지노 산업이 지역경제 활성화에 도움을 주고 있으며, 해외로 유출되는 도박자금을 국내로 환원시킴으로써 국고 유출 방지에도 기여하고 있다고 자평하고 있다. 그러면서 앞으로 카지노를 미국의 라스베이거스처럼 확대하겠다고 포부를 밝혔다. 이처럼 청사진이 뚜렷한 걸 보면 분명 영업이 잘되기는 잘되는 모양이다. 그런데 카지노 장사가 잘된다는 말은 그만큼 이곳에서 돈을 잃은 사람이 많다는 이야기다. 과연 국가가 관리하는 이 대형 도박장에는 안전망이 충분한 걸까?

정선에는 카지노 주변을 떠나지 못하는 카지노 노숙자속칭 카지노 앵벌이들이 적게는 1,000명에서 많게는 2,000명가량 있다. 이들은 불과 몇 개월 사이에 수억대에 달하는 재산을 몽땅 탕진하고는 식구들 볼 낯이 없어 집으로 돌아가지 못하고 카지노 주변을 유령처럼 배회하고 있다. 정선 지역의 식당과 인력시장을 전전하며 한 푼 두 푼 모아서 돈이 좀 모였다 싶으면 다시 카지노로 향한다. 본전 생각에 테이블에 앉지만, 다시 노숙자로 돌아간다. 악순환이 계속된다. 그러는 사이 단 하루라도 카지노에 출입하지 못하면 견디지 못하는 도박 금단 현상까지 겪게 된다.

얼마 전 모 연예인이 마카오 등지의 해외 카지노에서 돈을 다 날리고 국제 미아가 되었다. 우여곡절 끝에 한국으로 돌아온 그를 검찰은 상습도박 혐의로 기소해서 구속시켰다. 무언가 법의 잣대가 어

굿나 있다는 생각이 든다. 정선 카지노에서 전 재산을 탕진한 카지노 노숙자들은 상습도박 혐의에서 자유로운 걸까? 국가가 관리하는 도박장에서 상습도박을 하는 행위는 죄가 안 되는 것일까?

　나는 묻고 싶다. 과연 현행법이 금하고 있는 것을 초월하면서까지 정선에 카지노를 유치해야만 했는지, 그래서 정선 지역 사람들의 살림살이가 좀 나아졌는지, 정선에 카지노를 유치하는 것이 우리나라 법의 원칙을 깨면서까지 단행했어야 할 국가의 숙원과제였는지…….

　법의 원칙이 무너지고 나면 그만큼 법률 해석의 폭이 넓어지기 때문에 상황에 따라 법률 적용이 가변적일 수 있다. 법이 반드시 '1+1=2'라는 등식이 성립하는 수학이 되어서는 안 되지만, 최소한 어떻게 행동했을 때 법에 저촉이 되는지 아닌지에 대한 명확한 관념은 갖고 있어야 한다. 그런데 우리나라 법률은 수많은 특별법과 특례 조항을 두어서 예외를 허용하는 경우가 많기 때문에 어떤 법을 적용하느냐에 따라 형량에서 엄청난 차이가 나는 것은 물론이고, 극단적일 때는 동일한 범죄행위에 대하여 어떤 사람에게는 유죄를 선고하고 어떤 사람에게는 무죄를 선고하기도 한다. 이렇게 법률이 혼란스러워서야 어떻게 국민이 법을 신뢰할 수 있을까? 결국에는 법을 집행하고 해석하고 판결하는 소수에게 모든 권력이 집중되지 않을까?

특별법 공화국에서 일어난 어떤 실수

우리나라는 기존의 「형법」이 무색할 정도로 많은 '특별법'을 만들어 가중처벌 규정을 두고 있다. 대표적인 법률이 「특정범죄 가중처벌 등에 관한 법률」이다. 이 법은 「형법」 등의 법으로 이미 처벌 규정을 마련하고 있지만, 유사한 범죄라도 죄질이 특히 나쁠 때 기존의 법에 명시된 처벌 규정만으로는 형량이나 처벌 수준이 미약하다고 판단하거나, 특정한 범죄에 대해서 보다 강도 높은 처벌 규정을 마련함으로써 사전에 경각심을 심어 범죄를 예방하고자 하는 목적으로 만들어졌다. 대표적인 경우로 '운행 중인 자동차 운전자에 대한 폭행 등의 가중처벌'을 들 수 있다.

원래 「형법」에서는 타인에게 폭행을 가했을 때는 '2년 이하의 징역 또는 500만 원 이하의 벌금, 구류, 과료'를 부과하게 되어 있지만, 같은 폭행이라도 운전 중인 운전자에게 가할 때는 '5년 이하의 징역 또는 2천만 원 이하의 벌금'에 처해진다. 이

> **형법**
> 제260조(폭행, 존속폭행)
> ①사람의 신체에 대하여 폭행을 가한 자는 2년 이하의 징역, 500만 원 이하의 벌금, 구류 또는 과료에 처한다.
>
> **특정범죄 가중처벌 등에 관한 법률**
> 제5조의10(운행 중인 자동차 운전자에 대한 폭행 등의 가중처벌)
> ①운행 중인 자동차의 운전자를 폭행하거나 협박한 사람은 5년 이하의 징역 또는 2천만 원 이하의 벌금에 처한다.

처럼 특정한 상황이나 대상에 대해서 어떤 범죄행위를 했을 때 기존의 법이 규정하고 있는 것보다 더 과중한 처벌 규정을 마련한 것이 바로 「특정범죄 가중처벌 등에 관한 법률」인 것이다.

그런데 「특정범죄 가중처벌 등에 관한 법률」을 들여다보고 있으

면, 이해가 가지 않는 조항도 더러 눈에 띈다. 대표적인 것이 '통화 위조의 가중처벌'이다. 만약 어떤 사람이 우리나라의 화폐나 지폐를 위조하거나 변조했을 때, 「형법」을 적용하면 '무기 또는 2년 이상의 징역'에 처해지게 된다. 그런데 「특정범죄 가중처벌 등에 관한 법률」을 적용하면 '사형, 무기 또는 5년 이상의 징역'에 처해지게 된다. 같은 범죄행위에 대한 특정한 상황의 차이가 없는데도 어떤 법을 적용하느냐에 따라 처벌 수준이 크게 차이가 나는 것이다. 따라서 검사가 어떤 법으로 기소하는가에 따라 피고의 형량이 달라지게 된다.

이렇듯 한 가지 범죄에 대해 여러 가지 법률이 존재하다 보니, 피고인을 기소하는 검찰도 때로는 헷갈려 하는 경우가 더러 발생한다.

> **형법**
> 제207조(통화의 위조 등)
> ①행사할 목적으로 통용하는 대한민국의 화폐, 지폐 또는 은행권을 위조 또는 변조한 자는 무기 또는 2년 이상의 징역에 처한다.
>
> **특정범죄 가중처벌 등에 관한 법률**
> 제10조(통화 위조의 가중처벌)
> 「형법」 제207조에 규정된 죄를 범한 사람은 사형, 무기 또는 5년 이상의 징역에 처한다.
>
> *동일한 범죄행위에 대해 어떤 법을 적용하느냐에 따라 형량과 처벌 수준에서 큰 차이가 난다.

'조두순 사건 일명 나영이 사건'에 대해서는 익히 잘 알 것이다. 조두순은, 지면을 통해 사건 당시의 범죄행위를 낱낱이 옮기는 것이 혐오스러울 만큼 극악무도한 방법으로 한 아이의 신체를 훼손하고 삶을 무참하게 짓밟았다. 2012년 들어 유독 성범죄와 아동 성범죄가 빈번하게 발생하여 사회문제가 되고 있는데, 2008년 11월 발생한 이 사건으로 인해 우리 사회가 성범죄에 대한 새로운 시각을 갖게 되었다고 해도 과언이 아닐 만큼 이 사건은 크게 주목을 끌었다.

그런데 이 사건의 이면에는 세인들에게 잘 알려지지 않은 이야기가 하나 있다.

2009년 1월 9일, 검찰은 가해자 조두순을 강간상해죄로 기소했고, 3월 4일 다시 검찰은 무기징역형을 구형했다. 하지만 3월 27일에 있었던 1심 판결에서 조두순은 징역 12년을 선고받는다. 담당 검사는 항소를 하지 않았고, 오히려 조두순이 '형량이 너무 무겁다'며 항소를 한다. 하지만 7월 24일 항소심은 기각되고, 3일 뒤인 27일 조두순은 다시 상고했지만 이 역시 기각되었다. 현재 조두순은 청송 제2교도소 독방에 수감 중이다.

여기서 주목할 점은, 당시 검사가 피고인 조두순에 대하여 「성폭력범죄의 처벌 및 피해자보호 등에 관한 법률」_{현 「성폭력범죄의 처벌 등에 관한 특례법」}이 아니라 일반 「형법」상의 '강간상해 및 치상'을 적용하여 기소했다는 점이다. 「형법」상의 강간상해·치상에 대한 처벌 규정은 '무기징역 또는 5년 이상의 징역'이지만, 「성폭력범죄의 처벌 및 피해자보호 등에 관한 법률」은 같은 범죄행위에 대해 '무기징역 또는 7년 이상의 징역'으로 처벌 규정을 두고 있어 법정형이 더욱 무겁다. 검찰은 조두순에 대해 더욱 중한 벌을 내릴 수 있는 특별법을 포기하고 일반 「형법」을 적용함으로써 피고가 '비교적 가벼운' 처벌을 받는 빌미를 제공한 것이었다.

유기징역의 경우, 원칙적으로 15년을 상한으로 하며 법률상 가중 사유가 있다면 25년까지 가중할 수 있다. 하지만 기소자인 검찰이 항소 또는 상고하지 않고 피고만 항소·상고할 경우, '불이익변경금지의 원칙'에 의해 2심 법원은 1심 법원에서 판결한 형량보다 많은 형량을 언도할 수가 없다. 따라서 처음 무기징역을 구형했던 검찰이 항소를 포기함으로써 조두순은 1심 판결 그대로 12년형으로 확정되었다. 가중처벌이 필요한 특정한 범죄에 대해 '특별법'을 마련해놓고도 그걸 제대로 써먹지 못했던 것이다. 정치적으로 민감한 사안에 대해서는 활용할 수 있는 모든 법조문을 깡그리 동원해서 어떻게 해서든지 죄를 '생산'해내는 대한민국의 뛰어난 검찰이 왜 이런 실수를 했는지 모르겠다.

불이익변경금지의 원칙
피고인이 상소한 사건이나 피고인을 위하여 상소한 사건에 대하여는 원심 판결의 형보다 중한 형을 선고할 수 없다는 원칙

언젠가 법은 모든 일상을 '특별'하게 바꾸어놓을 것이다

부산의 한 지인이 겪은 일이다. 노부부가 시장에서 장을 본 뒤 노면에 주차해두었던 차를 출발시키려고 좌석에 앉았다. 앞에서 한 남자가 인도가 아닌 도로 위를 걸어오고 있는 것이 보였다. 차가 서서히 움직이기 시작할 때 이 남자가 노부부가 탄 차량의 백미러에 손을 부딪쳤다. 순간 멈칫했지만, 남자가 별일 아닌 듯 지나쳐서 노부부도 잠시 사태를 지켜보다가 출발했다. 그로부터 몇 시간 뒤 경찰서에서 전화가 걸려왔다. '뺑소니'로 고소장이 접수되었다는 내용이

었다. 부리나케 경찰서로 달려갔다. 시장에서 자신들의 차량 백미러에 손을 부딪쳤던 남자가 형사 한 명과 희희낙락하고 있다가 노부부를 발견하고는 정색을 했다. 형사가 합의를 유도했다. 가중처벌 운운하는 형사 앞에서 노부부는 겁에 질릴 수밖에 없었다. 결국 합의금을 건네주었다.

시간이 조금 지난 뒤에야 자신들이 어떤 작당에 당했다는 심증이 들어 뒤늦게 나에게 전화를 걸어왔다. 확증은 없지만 정황상 형사와 시장의 남자가 한 패라는 생각이 강하게 들었다. 순간, 화가 머리끝까지 치밀었다. 어디 경찰서냐고 물었다. 지인은 잠시 생각에 잠기더니 '그냥 묻어두자'고 했다. 연로한 부부가 송사로 법원 드나들 걸 생각하니, 몹시 피로했던 모양이다. 내가 계속해서 그냥 넘길 일이 아니라고 설득했지만, 지인은 끝내 그 일을 묻어두고 말았다. 자신들과 같이 화를 내준 것만으로도 고맙다고 했다.

분명 가중처벌 대상으로 삼을 행위들이 있다. 그리고 특별히 보호받아야 할 대상도 분명히 존재한다. 교통사고를 일으켜 인명피해를 유발했는데도 피해자를 구호하지 않고 달아나는, 일명 '뺑소니'에 대해서는 분명 무거운 처벌을 내려야 한다. 하지만 나의 지인이 당한 것과 유사한 상황을 조작해서 합의금을 뜯어내는 '꾼'들이 있을 수 있고, 밤늦은 시각 취객을 태우고는 일부러 시비를 일으켜 일을 크게 만드는 택시 기사가 있을 수도 있다. 이처럼 법으로 정한 '특별한 상황'이 악용될 소지가 있기 때문에 국민의 일상과 밀접하

특별법이 남발되면 우리의 익숙한 일상이 별안간 '특별한 상황'이 될 수도 있다.

게 관련된 '특별한 상황'을 규정할 때는 법을 더욱 정교하게 만들어야 한다. 그리고 특별히 보호받아야 할 계층을 정의할 때도 보다 신중해야 한다.

 이 글을 쓰고 있는 며칠 전 교사를 폭행한 학부모에게 솜방망이 처벌이 내려졌다는 뉴스가 보도되었다. 그러자 곧바로 교사를 폭행하는 학부모의 행위에 대해서 가중처벌을 적용하는 법안을 검토 중이라는 기사가 떴다. 이 기사를 보면서 법제실에서 근무하던 시절이 떠올랐다. 기사가 뜨자마자 의원실 쪽에서는 입안 경쟁에 돌입했을 것이고, 법제실의 몇몇 지각없는 법제관들은 이게 특별법 신설 요건이 되는지 안 되는지 크게 따져보지도 않고 문구를 정리했을 것이다.

 입법 권한을 가진 사람들은 계속해서 특별법이라는 이름의 법을 남발하면서 '특별한 계층'을 만들어내고 있다. 또 법은 계속해서 우리의 일상을 '특별한 상황'으로 만들고 있다. 도대체 「형법」의 존재 이유가 무엇인지 의심스럽다.

 나는 우리나라에 특별법이 유난히 많은 이유가 법안 발의와 실적을 연결시키는 입법자들의 구태의연한 발상 때문이 아닐까 생각하고는 한다. 자신들이 이 나라와 세상을 위해서 어떤 공헌을 해야 하는지에 대한 고민은 하지 않고 대외적으로 자신을 과시할 수 있는 실적과 수치에 매달리면서 생뚱맞은 법률들을 만들어내고 있는 것은 아닌지 말이다. 씁쓸한 마음으로 한 가지 예언을 하자면, 내가 법제실에 있을 때 모 의원이 입안 의뢰를 했던 '데이트 폭력 금지법'은 또 다시 다른 의원에 의해 입안 의뢰가 들어갈 것이다. 호시탐탐 발의 실적을 올릴 궁리를 하는 의원에게는 '데이트 폭력' 사건이 특별법을 입안할 좋은 기회가 될 테니까 말이다. 우리나라에서 법을 만드는 사람들을 생각할 때면 '가만히 있는 것이 도와주는 것'이라는 말이 가슴에 와 닿고는 한다. 그렇게 느끼는 것은 비단 내가 법학자이기 때문만은 아닐 것이다.

이렇게 계속해서 특별법이 만들어지다가는 법적으로 특수한 신분이 아닌 사람이 없을 것이고, 법적으로 특별한 상황이 아닌 일상이 없게 될 것이라는 생각이 든다. 그때는 인간과 세상을 조율하는 상식과 보편적인 가치관들마저 법에 의해 재단되고 말 것이다. 법이 너무 많아서 판사와 검사, 변호사들조차 법을 제대로 파악하지 못해 법조문이 입력된 컴퓨터에게 판결을 내리도록 하거나, 법 네트워크에 의해 우리의 일상이 감시당하는 SF 영화의 장면 같은 상황이 현실이 될지도 모른다는 건 물론 나의 허무맹랑한 상상력이겠지만, 실제로 법이 상식과 보편적 가치를 깔아뭉개는 현상의 조짐은 이미 시작되고 있다. 이렇게 한 번 상식이 파괴되면 그것을 복원하는 데에는 오랜 시간과 희생을 필요로 한다.

우리나라의 입법 과정도 역사로 남겨야 한다

몇 년 전 A시 지방의회의 요청으로 조례를 감수하는 작업을 한 적이 있다.

우리가 일상적으로 이야기하는 '법'에는 「헌법」과 「형법」, 「민법」 이 세 가지 기본법이 규정하는 원칙 아래에 수많은 법과 법률이 존재한다. 이 외에 명령이나 시행령, 규칙 등도 법에 속한다. 그리고 법의 가장 하위 단계에 조례가 있다.

조례는 지방자치단체의 의회에서 제정한 자치법규다. 법률체계를 상하 개념의 위계에 따라 등급을 매겨보면 '법→명령→규칙→조례'의 형태로 나타낼 수 있는데, 가장 상위에 법이 존재하고 가장 하위에 조례가 존재하게 된다. 그리고 하위 개념의 법령은 상위 개념의 법령이 정하는 범위 내에서 효력을 가질 수 있다. 법을 넘어서는 명령이 존재해서는 안 되고, 명령을 초월하는 규칙이 존재해서도 안 된다. 예를 들어, 법이 'A를 행하면 처벌을 받는다'라고 규정했는데, 그 하위 단계의 명령이 'A를 행해도 된다'고 규정해서는 안 되는 것이다.

그런데 A시 지방의회가 제정한 조례를 살펴보다가 여러 부분에서 이 원칙이 깨지고 있다는 사실을 발견했다. 가장 상위에 있는 법에서 정해놓지도 않은 규정이 버젓이 조례에 있는가 하면, 어떤 경우에는 법이나 명령보다 더욱 무거운 처벌 규정을 마련해놓고 있기도 했다. 놀라운 점은 이뿐만이 아니었다. 분명 A시 조례를 보고 있는데, 서울시의 지명이 등장하고 있었다. 서울시의 조례를 베끼면서 지역 이름을 바꾸는 노력조차도 하지 않은 모양이었다. 그걸 보면서 웃어야 할지 울어야 할지 참 난감했다. 국가의 대표 입법기관이 법을 허투루 만들고 있는데, 지방자치단체의 의회야 오죽할까 하는 생각이 들었다. 하지만 A시가 전문가에게 조례를 검토하도록 의뢰했다는 점에 대해서는 높이 평가하고 싶다. 우리나라 대부분의 지방의회는 이와 같은 노력조차도 하지 않고 있으니 말이다.

독일이 국제형사재판소와 관련된 국내법을 만들면서 꼼꼼하게 자료집과 회의록을 만들었던 사실을 기억할 필요가 있다. 우리나라도 어떤 법률안이 입안될 때 입법 취지와 담당자의 처리 과정, 관련자의 명단, 폐기 또는 가결 사유 등을 꼼꼼하게 명시해야 하지 않을까? 어떤 법안에 대해 '◇◇ 의원이 입안한 본 법안은 이미 ○○대 국회 □□ 의원에 의해 발의되었으나 형평성의 원칙에 어긋나 폐기된 내용으로 논의를 필요로 하지 않는다'라는 형태의 평가서를 부기한다면, 국회의원들도 입안을 하면서 더욱 신중해지지 않을까? 왜? 무안할 테니까. 법률의 발의와 입안, 제정 과정에 실명제를 도입하고 역사의 기록으로 남긴다면, 업무 중복과 시행착오로 인해 비용이 낭비되는 것을 줄일 수 있고, 최소한의 실수와 과오가 되풀이되는 것을 막을 수 있을 것이다.

국민이 바로 서야 국회의원도 바로 선다

지금까지 시종일관 국회의원에 대해서 비판적인 입장을 취해왔다. 하지만 여기서 잠깐 시각을 달리해서 국회의원들이 겪고 있는 현실적인 어려움을 생각해보고자 한다.

국회의원은 출신 지역구 유권자들의 투표에 의해 선출된다. 따라서 국회의원은 의원직에 선출되는 순간부터 지역구 유권자들의 평가와 심판을 받게 되는 숙명에 처한다. 그런데 우리나라의 정치현실에서 대부분의 유권자들은 '정치 잘하는 국회의원'의 평가 잣대를 '의정 활동에 충실한 국회의원'보다는 '이익을 가져다주는 국회의원'에 두고 있다. 어쩌면 대한민국의 입법 시스템을 총체적 부실에 빠져들게 만든 출발점이 바로 여기에 있는지도 모른다.

국회의원은 법을 만들고, 사법부와 행정부에 대해서 감사를 실시하고, 사회 전반에 퍼져 있는 비리와 부패를 감시하고, 공권력이 국민의 기본권을 침해하는 것을 견제하며, 부당한 제도를 개선하고, 국민의 권익을 보호하며, 지역구의 발전을 꾀하는 등 여러 가지 의정 활동을 펼친다. 국회의원은 한 마디로 몸이 열 개라도 모자랄 만큼 바쁘다. 국회의원 한 사람이 여러 명의 보좌관을 두는 데는 다 그만한 이유가 있다. 하지만 국회의원의 여러 가지 의정 활동 가운데 가장 중요한 것이 입법이다. 법을 바로 세우면 그만큼 사회 시스템이 안정되고 사회 문제와 갈등이 줄어들기 때문이다.

그런데 지역구 유권자들이 국회의원에게 과도한 '현실적 요구'를 하면 국회의원은 유권자들의 눈치를 볼 수밖에 없는 상황에 처하고, '올바른 의정 활동'과 '재선再選' 사이에서 딜레마에 빠지고 만다. 병원 같은 복지시설을 들여오거나 교각을 설치하고 공원을 조성하는 등의 공공사업을 끌어와서 지역구의 환경을 변화시키고 일자리를 창출해야만 정치인으로 장수할 수 있다면, 국회의원의 활동이 어디에 집중될까? 지역구 유권자들의 민원과 요구에 응하자니 의정 활동에 소홀하게 되고, 의정 활동에 충실하자니 다음 선거에서 '금배지'를 기약할 수 없다. 이런 상황에서 국회의원은 어떤 선택을 하게 될까?

분명 국회의원에게는 지역구 발전에 기여해야 하는 사명이 주어져 있다. 하지만 '지역 이기주의'에서 비롯된 과도한 현실적 바람과 기대는 국회의원을 올바른 의정 활동으로부터 멀어지게 만든다. 이런 식으로 모든 국회의원이 지역구의 요구를 즉각 수용해야만 재선이 보장될 수 있는 상황이라면, 결국 국회에는 국민의 권익을 보호하고 민의를 대변할 사람은 단 한 명도 없이 오로지 '자리보전'을 하려고 하는 정치꾼들만 남게 될 것이다.

이제 국회의원에 대한 국민대중의 인식을 바꾸어야 한다. 국회의원이 지역구 발전에 치중하면 당장은 유권자들이 이익을 보는 것 같겠지만, 결국에는 우리의 권익을 보호하고 우리를 대신해서 싸워줄 '장수'를 잃는 꼴이 된다. 국회의원은 당장의 이익을 가져다주는 사람이 아니라 더 나은 미래를 만드는 사람들이다. 그것이 우리가 국회의원에게 부여한 참된 사명이다. 따라서 유권자는 의정 활동을 등한시한 채 지역구 주민들의 환심을 사려고 애쓰는 국회의원을 오히려 멀리해야 한다. 우리 지역구에서는 진정 훌륭한 정치인을 배출하겠다는 유권자로서의 자존심을 잊지 말아야 한다. 국민대중의 올바른 의식이 훌륭한 국회의원을 만든다. 국민이 바로 서야 국회 역시 바로 선다. 견고한 입법 시스템을 만드는 일은 국민에게서 시작되는 것이다.

국회와 법제실에 바라는 것들

대법원 재판연구관으로 있다가 법을 만들고 싶다는 희망에 부풀어 국회 법제실로 향했던 나는 그곳에서 지낸 2년 동안 우리나라 법률체계의 후진성을 제대로 맛보았다. 하지만 '몰라서 약'이 되는 것보다는 '알아서 힘'이 되는 선택을 했기에 후회하지는 않는다. 훗날 법학자로서의 내 인생에 법제실에서의 그 경험이 큰 도움이 될 것으로 믿는다.

자, 그러면 나는 법제실에서 2년의 계약 기간을 채우고 나서 어떻게 되었을까?

국회사무처의 경우, 대부분의 계약 공무원들이 계약을 지속적으로 연장하면서 오랫동안 근무한다. 하지만 나는 형편없는 평가점수를 받았는지 어땠는지 이유를 알지도 못한 채 재계약에 실패함으로써 국회 계약직 공무원 사상 재계약에 실패한 몇 안 되는 사례의 주인공이 되고 말았다.

어떤 국회 공무원이 내게 이런 말을 한 적이 있다.

"계약직 공무원이 계약을 연장하기 위해서는 쥐죽은 듯 조용히 살아야 해. 당신 눈에는 보이지 않아? 당신 이외의 계약직들이 얼마나 몸을 낮추고 살아가는지……."

자신의 비위를 맞추지 않는다고 해서 한 말이었다.

아무리 생각해도 나는 모르겠다. 출퇴근 시간 잘 지키고 근무 시간 성실히 지키며 고민하고 연구해서 법안 만드는 것 외에 다른 무엇을 잘해야 하는지를.

그 시간을 돌이켜보면 재계약에 실패한 것이 오히려 잘된 일이라는 생각이 든다. 국회 법제실에서 근무한 2년 동안 점점 타성에 젖었던 나는 그 무렵 거의 바보가 되어 있었다. 하루 종일 빈둥거리는 직원들 틈에서 그들과 똑같이 빈둥거리는 나 자신을 발견하고는 화들짝 놀란 적도 여러 번이었다. 만약 그때 재계약이 되어 그곳에 계속 남았더라면, 나 역시 의욕에 넘쳐 열심히 일하는 신참 직원을 깔아뭉개는 그런 한심한 인간이 되었을지도 모른다.

지금 국회 법제실에서는 형사법 전문가가 단 한 명도 없는 상황에서 계속해서 법이 만들어지고 있다. 모든 법이 다 그렇지만, 범죄와 관련된 「형법」은, 잘못 다루면 선량한 국민을 쉽게 범죄자로 만드는 '범죄 유발성 법'으로 돌변하고 만다. 신체의 자유를 제한하는 법인 만큼 「형법」을 다룰 때는 신중에 신중을 기해야 한다.

독일과 미국 등의 의회 법제실은 구성원 대부분이 각 법 분야의 전문가와 박사들로 구성되어 있다. 법 전문가들이 의원의 입법 활동을 지원하기 때문에 이들 나라에서 법안이 폐기되는 비율은 우리나라와는 비교가 되지 않을 정도로 낮다.

전문성을 갖추지 못한 채 방만하게 운영되다 보니 법제실을 아주 우습게 여기는 국회의원과 보좌진도 있다. 일부 보좌관은 어떠한 내용의 법을 만들고 싶다는 단 한 줄의 의견도 없이 달랑 법의 명칭만 적어 넣은, 백지나 다름없는 입안의뢰서를 법제실에 던져놓고는 알아서 법을 만들어달라고 요구하기도 한다. 자신에게 주어진 숙제를 법제실에 떠넘기는 것이다.

나는 우리나라 국회의 법제실이 사명감 투철하고 자신이 하는 일에 대해서 자부심 강한 법 전문가들로 채워지기를 바란다. 국회의원들의 실적 쌓기에 도움을 주는 것이 아니라, 의원들에게 입법에 관한 제대로 된 조언을 하고 법률 제정 과정에 자신의 이름이 올라가는 것을 자랑스러워하는 사람들로 채워지기를 바란다. 왜 그것이 법으로 만들어지면 안 되는지를 당당하게 설명하고, 국회의원들의 그릇된 입법 관행에 일침을 가하며, 백지 입안의뢰서를 던지는 보좌관들을 꾸짖기도 하면서 우리나라의 입법 시스템이 보다 견고해지도록 만드는 이들로 채워지기를 희망한다. 그래서 국회의원들이 법제실을 자신들의 뒤치다꺼리나 하는 조직으로 여기지 않고 자신들의 부족한 부분을 메워나가는 데 도움을 주는 동반자로 인정하기를 진심으로 희망한다. 이런 건강한 소통과 고민 속에서 튼튼하고 건강한 법이 태어날 것이다. 꼭 그래야만 한다.

PART ②

법의 유통 권력자들

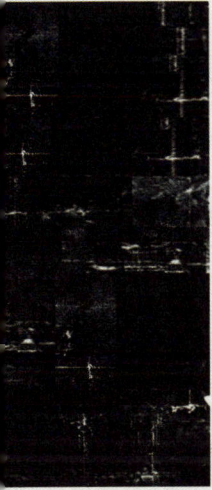

Chapter 1_
법에서 금을 캐는 사람들

Chapter 2_
공권력은 누구의 권력인가?

Chapter 3_
법을 차지하기 위한 위험한 힘겨루기

Chapter 4_
법 앞에 만인은 평등한가?

우리가 무관심할 때,
법은 강자의 편에 선다.

Chapter 1 | 법에서 금을 캐는 사람들
입법의 사유화, 결코 불가능하지 않은 이야기

최근에 〈범죄와의 전쟁〉이라는 영화를 보았다. 극중 인물인 세관 공무원 최익현최민식 분은 각종 비리로 인해 해직 위기에 처하자, 순찰 중에 압수한 대량의 마약을 일본으로 밀수출하는 마지막 한탕을 성사시키기 위해 부산 폭력조직의 보스 최형배하정우 분와 손을 잡는다. 최익현은 별다른 능력은 없지만 인맥을 활용해서 일을 성사시키는 수완만큼은 탁월하다. 가깝게는 친척이나 동창들에게 손을 뻗치고 멀게는 전·현직 관료들에게 줄을 댄다. 그리고 반드시 감사 표시를 잊지 않는다. 최익현은 자신에게 도움을 준 사람들을 찾아가 금두꺼비를 내밀며 "은혜 갚은 두꺼비"라고 말한다. 이 영화는 범죄세계를 통해 인맥이 권력과 돈을 쟁취하는 중요한 방편이 된다는, 우리 사회의 단면을 우회적으로 보여주고 있다.

이처럼 계획하는 어떤 사업을 성사시키거나 공공기관의 인·허가를 획득하려 할 때 가장 확실한 방법은 그 일과 관련된 실권자에게 직접 호소하는 것이다. 어떤 사업을 추진하거나 타 기업과 경쟁할 때 기업의 능력과 제품의 질이 일을 성사시키는 중요한 요건이기는 하지만, 현실 사회에서는 사안에 대한 최종 결정권자에게 직접 어필하는 것이 성패를 좌우하는 더 큰 변수로 작용한다. 때문에 표면적으로 드러나지 않는, '높은 자리'에 있는 사람에게 직접 연결되려는 장외 싸움이 치열하게 벌어진다. 바로 이와 같은 활동을 하는 사람을 일컬어 로비스트라고 한다.

원래 로비스트 lobbyist는 정책 입안, 법안 발의와 관련한 정책 관계자나 정치인들을 만나서 영향력을 행사하는 사람을 일컫는 것으로, 이 말은 이들이 주로 의회나 공공기관 건물의 로비 lobby에서 활동한 데서 비롯되었다. 그만큼 로비는 정치와 관련성이 깊다. 오늘날에는 정책이나 법안뿐 아니라, 천문학적인 돈이 오가는 거래에도 로비스트들이 개입하는데, 가장 대표적인 것이 국가 간의 무기거래다.

하지만 현재 전 세계적으로 로비스트를 합법적인 직업으로 채택한 나라는 미국이 유일하다. 그렇다고 해서 로비스트들이 미국에서만 활동하고 있는 것은 아니다. 로비스트를 합법적인 직업으로 택하지 않은 대부분의 국가들에서도 로비스트들은 다양한 분야에서 활발하게 활동하고 있으며, 국가사업을 전개할 때 정부가 로비스트를 고용하는 사례도 흔하다.

| 왜 국회의 로비스트 합법화 시도는 번번이 실패했는가

하지만 우리나라 국민들 대부분은 로비스트에 대해서 부정적인 이미지를 가지고 있다. 근대 이후 사회적으로 이슈가 된 로비스트 관련 사건들 거의 모두가 '스캔들' 혹은 '비리 사건'으로 귀결되었기 때문이다. 대표적인 것이 '린다 김 사건'이다.

린다 김은 김영삼 정부 시절, 국방자주화사업을 추진할 당시 미국 측 무기회사에서 고용한 국제 무기거래 로비스트였다. 뛰어난 미모와 수완을 지닌 린다 김의 활약으로 결국 그녀를 고용한 회사가 예산 2,000억 원대의 사업자로 선정되었다. 하지만 훗날, 당시 국방장관을 비롯한 군 관계자들을 상대로 부적절한 방법의 로비를 펼쳤다는 의혹이 제기되면서 이 사건은 문민정부 최대의 스캔들로 비화되었다. 최근에 불거진 저축은행 사태와 관련해서도 은행 측과 몇몇 정치인들 사이에 이루어진 부정한 거래에 로비스트들이 개입되었음이 밝혀지면서 이들 로비스트의 존재는 또다시 '비리'와 '스캔들'이라는 오명과 함께 수면 위로 떠올랐다.

그렇다면 로비스트들은 항상 부적절한 거래와 비리 사건에만 개입하는 것일까? 그렇지 않다. 만약 일이 정당한 방법으로 깔끔하게 진행되었다면 이들 로비스트들이 언론에 노출되는 일은 없었을 것이다. 우리나라에서는 로비 활동 자체를 '물밑 작업' 내지는 '음성적인 활동'으로 간주하기 때문에 로비스트들 역시 웬만해서는 자신을 노출하지 않는다. 하지만 일을 무리하게 성사시키려고 적법한 절차를 밟지 않거나 애초에 그릇된 일이 이루어지도록 다리를 놓았다가 사건이 터져서 수사가 시작되면 이들 로비스트들이 표적이 되고 언론에 공개되는 것이다. 그러니까 우리나라에서 활동하는 로비스트들이 항상 부적절한 사건에 개입하는 것이 아니라, 부적절한 사건에 개입했던 로비스트들이 뉴스의 주인공으로 등장하면서 '로비=비리'라는 그릇된 공식이 국민들 의식에 자리 잡은 것이다.

하지만 로비스트들이 부적절한 거래에만 개입하는 것은 아니라 할지라도, 그들의 활동이 공개되지 않고 음성적으로 이루어지는 탓에 합법의 테두리를 벗어날 위험성은 언제나 존재한다는 사실 또한 부정할 수 없다. 그래서 우리 국회는 미국처럼 로비스트에게 합법적인 지위를 부여하여 로비스트를 국가가 관리하고 투명하게 공개된 상황에서 활동하도록 만들자는 취지의 로비스트 양성화 작업을 오래전부터 진행해왔다. 하지만 로비스트 합법화 관련 법안은 번번이 물을 먹었다.

16대 국회 때 처음 시작된 로비스트 합법화 논의는 17대 국회 때 관련 법안들이 다수 발의되고 공청회를 여는 등 활발하게 진행되었다. 국회사무처 법제실에서도 직원들이 해외출장을 나가서 사례를 연구하고 자료를 마련하는 등 부지런한 움직임을 보였다. 국회사무처가 이처럼 열심이었던 이유는 2006년에 발의된 로비스트 관련 법안에 로비스트의 등록과 활동보고의 주무부처로 국회사무처를 지정했기 때문이다.

내가 국회 법제실에서 근무했던 18대 국회 때에도 로비스트 합법화와 관련된 법안을 의뢰받은 적이 있는데, 나한테 법안을 의뢰한 모 의원은 16대와 17대에도 이미 로비스트 양성화와 관련한 법안을 발의한 경험이 있다고 했다. 하지만 이 의원이 낸 법안은 국회 법제사법위원회에 계류되어 있다가 회기 만료와 함께 자동으로 폐기되었다.

이렇게 지속적으로 발의되어온 법안이 왜 국회를 통과하지 못했을까? 그 첫 번째 이유는 국민 대다수가 로비스트에 대해서 부정적인 이미지를 갖고 있기 때문이었다. 그동안 굵직한 비리 사건이 터질 때마다 로비스트가 거론되었으니, 그럴 만도 하다. 두 번째 이유는 로비스트를 합법화할 경우, 기업이나 단체의 경쟁력이 로비 능력에 의해 좌우될 수 있고 로비의 부익부빈익빈에 따라 건강한 경쟁 시스템을 해칠 수 있기 때문이다. 하지만 여기까지는 어디까지나 형이상학의 문제다. 현실적으로 로비스트 합법화 법안이 매 국회 때마다 발의되면서도 본격적으로 논의되지 못했던 가장 큰 이유는 변호사 출신 국회의원들의 비협조적인 태도와 변호사 단체의 반발 때문이었다. 왜 그런가 하면, 그들은 로비스트가 하는 일이 변호사의 업무와 중복된다고 판단해서 로비스트가 합법화되면 자신들의 밥그

롯을 빼앗긴다고 여겼기 때문이다.

　이 글을 읽는 독자들은 로비스트와 변호사 업무가 왜 겹치는지 의아할 것이다. 대부분의 독자들은 로비스트 하면 스캔들, 비리 사건과 연결 짓고 그들이 큰 액수의 돈이 오가는 굵직한 거래에만 관여한다는 이미지를 갖고 있기 때문이다. 하지만 앞서 설명했던 것처럼, 로비스트의 주요 업무는 법률과 밀접한 관련을 맺고 있다. 대형 법률회사를 중심으로 모인 우리나라의 변호사들도 이미 미국의 로비스트들이 하고 있는 것과 유사한 '로비 활동'을 '법률 자문'이라는 이름으로 진행해오고 있었다._{이 문제에 대해서는 잠시 뒤에 자세하게 다룰 것이다.} 그래서 변호사들은 로비스트에게 합법적인 지위를 부여하는 것에 반발했던 것이다._{이로써 변호사들 스스로가 자신들이 로비스트로 활동하고 있음을 인정했던 셈이다.}

양날의 검 또는 뜨거운 감자

　2012년 8월 또다시 로비스트 합법화 논의가 이슈가 되었다. 그 배경에는 MB정부의 정권 말기에 터져 나온 파이시티 인·허가 비리 사건과, 그 직전에 불거진 저축은행 금융비리 사건, 그리고 '로비'와 '정치자금' 쟁점의 도화선이 된 청목회_{전국청원경찰친목협의회} 사건 등이 있다. 모두 불법 로비와 관련된 사건들이었다.

위에서 '불법 로비'라는 말을 썼는데, 로비스트가 합법화되지 않은 우리나라에서는 사실상 로비 활동 자체가 '불법'이다. 면허도 없고 허가도 받지 않은 채 영업을 하는 동네 침술원에서 행하는 침술이 법적으로 불법 의료행위인 것과 마찬가지다. 그러나 이미 수많은 이익단체들이 정부와 국회를 상대로 각종 연고와 금품을 동원해 로비를 벌이고 있는 것이 현실이다. 여기에는 학연과 지연, 혈연, 종교연 등이 힘을 발휘하는 한국사회의 특수성도 한몫하고 있다. 불법인 줄 알면서도 버젓이 불법행위들이 행해지고 있는 것이다. 그런데 이와 관련한 법이 존재하지 않다 보니 뒷거래와 대가성 향응 같은, 건강하지 못한 거래의 관행들이 사라질 줄 모른다. 로비스트 합법화 논의는 로비스트를 양성화하고 로비스트 등록을 의무화해서 불법과 편법이 판을 치는 로비의 세계를 밝은 곳으로 끌어내자는 취지로 시작되었다.

19대 국회 들어 로비스트 합법화 논의는 이전보다 더욱 활발하게 진행되고 있다. 로비스트 합법화를 찬성하는 쪽은 "정·관계에 만연한 부패와 비리 등을 없애기 위해서 로비 관련법과 제도를 도입해야 한다"고 주장하고, 반대하는 쪽은 "불법청탁 행위를 '로비 활동'이라는 이름으로 미화하는 것뿐"이라고 목소리를 높인다. 솔직히 이 글을 쓰고 있는 나로서도 어느 한쪽을 편들기가 무척 어렵다.

경제 상식으로 따져보았을 때, 생산자 입장에서는 불법청탁과 검은 거래, 뒷돈이 성행하는 음성적 로비 활동에 소요되는 비용 역시 생산비용에 포함시키게 된다. 결국 이 생산비용은 가격에 영향을 미치고 소비자는 영문도 모른 채 그 대가를 지불해야 한다. 그렇다면 차라리 로비 활동을 양성화해서 로비 활동에 들어가는 비용을 법적으로 제한한다면 소비자의 부담은 그만큼 줄어들 것이다. 그런데 이게 과연 현실적으로 가능할까?

사실상 그동안의 로비 활동 대부분은 어차피 공개적으로 진행했을 때는 여론이나 기타 행정제도에 걸려 진행이 불가능한 사안들에 투입되었다. 떳떳하게 해도 될 일을 뭣 하러 웃돈 얹어주면서까지 하려고 하겠는가. 현행 제도와 법으로는 할 수 없는 일들을 가능하게 만들기 위해 로비가 필요했던 것이다. 여기에는 한 가지 달콤한 유혹이 도사리고 있다. 공개적인 사업을 통해서는 이윤을 극대화할 수 없다는 것, 불법과 편법을 동원해서 취득한 것이라야만 이윤을 최대화할 수 있다는 것이다. 때문에 이윤 극대화를 추구하는 욕망은 로비스트 관련법이 생겨난다 하더라도 여전히 법망을 피해 다니며 또 다른 불법을 양산할 수 있다. 로비스트 관련법이 만들어지는 것을 찬성하는 사람들은 "로비스트들의 활동이 투명하게 이루어지도록 제도적 장치를 마련하면"이라고 전제하는데, 그것이 과연 실현 가능한 일인가 말이다.

그리고 로비스트를 합법화하면, 기업의 성패가 기술력과 장래성보다는 로비 능력에 의해 판가름 나는 여지를 제공할 수도 있다. 유사 기술을 가진 중소기업과 대기업이 각각 자기네의 기술과 제품으로 공공사업에 입찰했다고 가정하자. 객관적으로는 중소기업의 기술과 제품이 대기업의 것보다 소비자 친화적이고 친환경적임에도 불구하고 대대적인 로비 활동에 의해 대기업의 기술과 제품이 채택될 수도 있는 것이다. 이런 식으로 로비의 빈익빈부익부에 따라 성패가 좌우된다면, 결국 이 세상의 질서는 힘 있는 자에 의해 지배될 수밖에 없다.

이런 많은 문제점들에도 불구하고 몇몇 국회의원들이 로비스트를 합법화하고 국가 관리 아래에 두고자 하는 이유는 정권 말기면 어김없이 터져 나오는 권력형 비리 때문이다. 최고 권력자의 임기 말이면 연례행사처럼 되풀이되는 이 비리 사건들은 사실상 최고 권력자의 레임덕이 아니었다면 세상에 공개되지 않았을지도 모르는 일들이다. 게다가 대부분의 국민들이 짐작하는 것처럼 공개되지 않은 카드 패, 즉 검찰이 기소하지 않고 묻어두어서 언론을 통해 알려지지 않은 권력형 비리가 비일비재할지도 모른다. 로비스트를 합법화하려는 노력은 바로 이러한 권력형 비리를 줄이기 위한 최소한의 장치인 것이다.

그런데 최근 들어 로비스트 합법화 논의는 이전과는 조금 다른 양상으로 전개되고 있다. 표면적으로는 권력형 비리를 근절하는 제도적 장치 운운하지만, 그 이면에서 민주주의의 대원칙과 상식을 뒤흔드는 모종의 움직임이 포착되고 있는 것이다. 그 모종의 움직임을 간단하게 표현하면 '법을 사유화하려는 시도'라고 할 수 있다.

법을 만들어드립니다

앞서 로비스트 합법화에 가장 반발하는 집단이 변호사 단체라고 이야기했다. 변호사 단체가 이처럼 반발하는 이유는 로비스트의 활동이 법과 밀접한 관련을 맺고 있기 때문이다.

로비스트에게 합법적인 지위를 부여한 미국의 경우를 들여다보자. 미국 로비스트들의 주된 활동은 의회와 연방정부를 상대로 진행된다. 이들은 각종 이익집단의 의사를 대변해서 로비 활동을 펼치는데, 때때로 이들의 활동이 정책 결정에 결정적인 영향을 미치기도 한다. 때문에 정책 결정권을 가진 현직 정치인들과 친분이 두터운 퇴직 정치인들은 로비스트로서 최상의 조건을 갖추고 있다. 이런 사실을 반영하듯, 미국 의원들이 퇴직 이후 로비스트로 변신하는 비율은 절반에 가깝다.

무기거래처럼 천문학적인 액수의 돈이 오가는 사업에 참여하는 로비스트는 극히 일부에 지나지 않는다. 미국의 합법적인 로비스트들 대부분은 정책의 방향과 법률 입안 및 개정에 관여하고 있다. 우리나라에서 로비스트의 합법적인 지위를 보장한다면 이들의 활동 역시 정책과 입법에 집중될 것이다. 따라서 로비스트 관련 법안이 제정되면 요직에서 오랫동안 근무한 퇴직 공직자들은 그럴싸한 새 직업을 선택할 수 있다. 이미 음지에서 로비스트로 활동해온 이들은 합법적인 지위를 획득함으로써 그동안 쌓아온 노하우를 십분 발휘할 것이다. 더군다나 현재 발의된 법안에 의하면 특별한 시험을 거치지 않아도 관련 기관현재로서는 법무부와 국회사무처가 거론되고 있다에 등록만 하면 로비스트로 활동할 수 있기 때문에 그만큼 법률 계통의 종사자가 확대된다. 그러니 변호사들로서는 이 새로운 법안이 발의되는 것이 반가울 수가 없었던 것이다.

여기서 잠깐! 이 책을 읽는 독자들께서는 관점을 조금 다른 곳으로 돌릴 필요가 있다. 로비스트 합법화 논의를 지켜보면서 조금 이상하다는 생각이 들지 않는가? 내가 제기하고자 하는 문제는 이것이다. '로비스트들이 법을 바꿀 수 있다고?'

가능하다. 법률을 개정하는 것뿐만 아니라 새로운 법을 만들 수도 있고 법안이 발의되는 것을 막을 수도 있다. 물론 그들이 직접 법을 바꾸고 만드는 것은 아니다. 로비 활동을 통해서 정치인을 움직여 자신을 고용한 이익집단에게 유리한 법률을 만들거나 개정하도록 압력을 가하는 것이다.

실제로 이런 일은 로비스트 합법화 논의가 시작된 무렵부터 이미 벌어지고 있었다. 2000년대 중반부터 일부 로펌법률회사들은 이익집단과 기업을 대변하여 규제 완화와 인·허가 조건 완화 등을 목적으로 하는 법률 관련 로비 활동을 진행해왔으며법률회사 측에서는 단순한 자문 업무라고 말하고 있다, 2000년대 후반부터는 입법과 사법, 행정을 아우르는 입법 컨설팅은 물론 법률안 개정 및 폐지를 위해 헌법소원 전담팀을 구성하는 등 법률 제정과 개정에 관한 사업 영역을 점점 확대하고 있다. 이들은 정부 부처에 논리적 잣대를 들이대고 법률적 근거를 제시하면서 설득하는가 하면, 「헌법」과 충돌하는 현행 법률들을 찾아내어 소원을 올리는 방식으로 법 개정을 추진하도록 만든다.

로펌들의 이러한 활동에 의해 '학교 근처에는 호텔 설립을 제한한다'는 법률 관광진흥법은 '학교 근처라도 관광호텔의 경우에는 설립 제한을 푼다'는 방향으로 법률 개정이 진행 중이고, '외과적 방법이 아닌 화학적 방법으로 거세한 수퇘지에 대해서는 낮은 육질 등급을 부여한다'는 농림수산식품 고시는 '화학적으로 거세한 수퇘지에도 높은 등급을 부여할 수 있다'는 농림부의 유권해석을 이끌어냄으로써 고시안이 개정될 예정이다. 그리고 영세상인들의 영업 보호를 위해 대형 마트의 영업시간을 제한하는 방향으로 법률 유통산업발전법이 개정되었지만, 마트의 이익을 대변하는 로펌에서 법적 근거를 들어 이를 반대하는 소송을 진행하고 있다. 이와 같이 이익집단의 의뢰를 받은 로펌들이 국가권력인 입법과 사법, 행정 전 분야에 걸쳐 영향력을 행사하고 있는 것이다.

> **헌법소원**
> 헌법이 보장하는 국민의 기본권에 위배된 법률에 의해 피해를 당한 사람이 헌법재판소에 구제를 청구하는 일로서, 헌법재판소에서 위헌결정을 내리면 그 법률은 폐지될 수도 있다. 로펌들이 헌법소원 전담팀을 만든 것은 정부의 기업 규제 정책에 맞서 어떤 규제와 법률에 대해 위헌결정을 끌어내기 위한 것이다.

> 법을 사업으로 만든 이들에 의해
> 삼권분립의 원칙이 무너지고 있다

로펌들은 고객의 이익을 위해 움직인다. 만약 그 '고객'이 누가 보더라도 열악한 환경에 처한 집단이고 그들의 처우를 개선하기 위해 로비 활동을 하는 것이라면 이는 분명 건강한 로비 활동으로 볼 수 있다. 하지만 지금까지 그래왔던 것처럼, 현실적인 로비 활동은 특정 이익집단의 사익을 추구하면서 공익을 해친다거나, 기득권층의 이익과 독점적 권리를 보호할 목적으로 법률 개정과 제정, 법률안 발의 저지 등의 활동에 집중될 여지가 크다. 로비스트를 합법화할 경우, 힘 있는 소수의 대기업이나 단체가 전직 장관 등 고위층 출신 인사들을 로비스트로 영입해서 정부에 영향력을 끼치게 될 것이라는 가설은 현실적으로 실현될 가능성이 매우 높은 가설인 것이다. 이는 '정의를 실현한다'는 법의 정신에 위배되는 행위이지만, 엄연한 현실이기도 하다.

19세기 후반, 영국에서는 자전거 붐이 일어났다. 당시의 자전거는 앞바퀴가 기형적으로 크고 안장 위치가 높아서 자전거를 타고 내리는 것이 꽤 힘든 일이었다. 그런데 자전거를 탈 때 방해가 되는 것이 모자였다. 영국 사람들은 남녀노소 누구나 모자를 선호했는데 자전거를 타고 가다가 바람에 모자가 벗겨져 낭패를 당하는 경우가 잦아지자, 자전거를 즐기는 사람들은 아예 모자를 쓰지 않게 되

법의 유통 권력자들

공정거래위원회 청사

었다. 이 때문에 모자 산업계가 휘청거렸다. 그래서 그들은 모자 산업이 무너지면 영국 경제가 큰 타격을 입는다는 논리를 내세워 의회를 설득했다. 그 결과 영국 의회는 역사상 가장 터무니없는 법이라고 평가받는 '모자법'을 만들었다. 이 법으로 인해 자전거를 사는 사람들은 의무적으로 모자를 세 개 구입해야 했다. 법이 이익집단에 의해 휘둘릴 수 있다는 극단적인 사례를 이 영국의 '모자법'이 보여주고 있다.

현재 진행되고 있는 로펌들의 입법 로비 활동을 보면서 나는 큰 두려움을 느낀다. 로펌들은 전직 관료와 국회의원, 대법원 판사, 검사, 국회 공무원 등을 영입하면서 입법과 정책 방향에 큰 영향력을 갖기 시작했다. 검사나 법관들 중 일부는 아예 로펌의 영입 제의를 염두에 두고 요직을 차지하려고 은근히 자리다툼까지 벌이고 있다는 말이 들려오기도 한다.

특히 기업 규제와 제재를 주 업무로 하는 공정거래위원회에서 일하며 전문지식과 실무 경험을 쌓은 공무원들은 퇴직 후 로펌으로 들어간 뒤 이전의 입장을 완전히 바꾸어 기업 규제와 제재를 완화하는 작업을 진행한다. 2011년에는 공정거래위원회의 4급 이상 공무원이 퇴직한 후에 로펌으로 직행하는 것을 금지하는 법까지 만들어졌으니, 그 폐해가 얼마나 컸는지 충분히 상상이 간다. 이런 식으로 요직에 있다가 사퇴하고 로펌으로 들어가 '고문'이나 '자문위원'이라는 직함으로 활동하는 이들은 일반 직장인으로서는 감히 상상조차 하기 힘든 보수를 받으며 '보이지 않는 세력'으로서 현직 관료와 정치인, 법관들에게 강력한 힘을 발휘한다.

　민주주의는 권력이 한 곳에 집중되는 것을 방지하기 위해 삼권분립이라는 대원칙을 세웠다. 하지만 오늘날 대한민국에서는 입법과 정책 수립을 사업으로 만들어버린 로펌들을 중심으로 입법과 사법, 행정이 결속하는 양상을 보이고 있다. 삼권분립이라는 대원칙이 뿌리부터 흔들리고 있는 것이다.

　자, 이런 현실 상황 속에서 로비스트 합법화 논의는 어떻게 전개될까? 17대, 18대 국회 때까지만 해도 로비스트 합법화 시도에 대해서 변호사 단체는 크게 저항했지만, 19대 들어서는 별다른 저항이나 반발을 하지 않는다. 왜 그럴까?

　나는 먼저 16대부터 18대를 거치면서 국회의 로비스트 합법화 노력에 찬물을 끼얹었던 것이 대한민국 변호사들 전체의 의견이라고 보지 않는다. 그것은 자신들의 사업 영역을 지키려 했던 대형 로펌들의 입김 내지는 압력이 정계에 작용한 결과였을 것이다. 최근 들어 이들이 로비스트 합법화에 굳이 반대하지 않는 이유는, 입법과 정책 수립, 규제 완화 등 국가가 수행해야 할 일들을 '비즈니스'로 탈바꿈시켜버린 이들 로펌들의 자신감 때문이 아닐까 생각한다. 로펌들은 이미 입법과 정책 수립 사업에서 상당한 입지를 굳혔고, 대세의 흐름이 자신들에게 유리한 방향으로 흘러가고 있다는 판단이 섰으며, 로비스트 법을 제정하는 것에 따른 손익계산도 어느 정도

마쳤을 것이다.

　로비스트 합법화에 대해서 나는 아직 찬성도 반대도 할 수 없다. 찬성하기에는 따르는 폐단이 너무 많다. 그렇다고 넋 놓고 있을 수만도 없는 일이다. 하지만 한 가지 분명한 사실은 로비스트 관련법이 생겨난다 하더라도 권력형 비리의 주모자들에게 항상 너그러웠던 사법부와 행정부의 관행을 개혁하지 않는 한 권력형 비리는 절대 근절되지 않는다는 것이다. 그리고 또 한 가지 우울한 사실은, 지금까지 그래왔던 것처럼 로비스트 관련법은 국회의 의지가 아니라 '로펌(을 중심으로 결속한 모든 기득권층)의 의지'에 의해서 제정되거나 보류될 것이라는 점이다.

법은 모든 국민을 위한 것이어야 한다

　'법의 사업성'을 발견한 이들에게서 정의를 기대할 수 있을까? 그들은 오로지 '고객의 이익'을 위해서 움직인다. 그리고 시간이 흐를수록 이 '고객'은 법을 장악한 그들 자신이 될 것이다. 예전의 독재자들은 권력을 유지할 목적으로 악법을 만들었지만, 현대의 부도덕한 기득권층은 경제권을 장악할 목적으로 악법을 만들고 있다.

　법이 민의民意를 반영하고 사회적으로 합의된 약속이라는 것은 어쩌면 허구일지도 모른다. 이것은 법에 대해서 사람들이 기대하는

법의 유통 권력자들

대검찰청

이상향이고 사회 교과서에 실려 있는 죽은 문장일 뿐이다. 그리고 어쩌면 법을 만들고 법을 쥐고 흔드는 세력이 우리에게 심어놓은 최면일지도 모른다.

법이 공정한 과정을 거쳐 만들어지고 있으며, 법을 만드는 사람들이 국민의 편에 서 있을 것이라는 과도한 기대는 하지 말아야 한다. 법은 국민 모두를 위한 것이어야 하지만, 지금 이 순간에도 어느 한쪽이나 소수의 집단을 일방적으로 유리하게 만드는 법이 만들어지고 있고, 이미 만들어진 멀쩡한 법이 그런 불순한 의도에 의해 수정되고 있다.

국민이 법을 알아야 한다. 법을 알아야만 개개인의 권익과 자유를 지키는 것은 물론이고 우리 아이들의 미래를 지킬 수 있다. 그래서 입법 과정을 감시해야 한다. 무관심 속에서 소수의 강자가 대다수 약자의 권리를 침해하는 법이 만들어진다. 이렇게 한 번 만들어진 법은 웬만해서는 사라지지 않는다.

내가 공부했던 독일에서는 법을 만든다는 것이 대단히 힘든 일이었다. 하나의 법을 만들기 위해서 그 사안과 관련된 수많은 사례를 연구하는 것은 기본적인 과정이고, 법을 만든 이후에 발생할 수 있는 일들의 가능성 역시 타진해본다. 이 모든 일이 '법은 모든 국민을 위한 것이어야 한다'는 대원칙 아래서 행해진다. 그리고 이렇게 법이 만들어지면 웬만해서는 바뀌지 않는다. 그만큼 만들 때 잘 만들기 때문이다.

반면에 우리나라에서는 법이 너무나도 쉽게 만들어지고, 또 쉽게 바뀐다. 법을 만드는 사람들이 크게 고민을 하지 않기 때문에 법이 쉽게 만들어지고, 또 그렇게 쉽게 만들어진 법은 나중에 반드시 문제점이 드러나기 때문에 고칠 수밖에 없는 것이다. 그런데 이렇게 제정과 개정은 손쉽게 하면서도 한 번 만든 법을 폐지할 때는 대단히 더디다. 이러한 우리나라의 입법 관행을 생각할 때, 한 번 잘못된 법이 만들어지면 국민들은 꽤 오랫동안 그 법의 지배를 받을 수밖에 없게 된다.

과연 '법은 정의를 실현하는 수단'이라는 명제로 법의 선의善意를 대변할 수 있을까? '정의'라는 말에 어떤 가치와 의미를 대입하느냐에 따라 이 말은 선할 수도, 악할 수도 있다. 법이 특정 세력에 휘둘릴 때 법은 대중을 옥죄는 족쇄로 돌변하게 된다는 말이다. 국회의 입법 기능이 강해져야 하는 가장 큰 이유다.

법에서 금을 캐는 사람들

Chapter 2 공권력은 누구의 권력인가?
혼란스러운 법률체계가 군림하는 공권력을 만든다

얼마 전 도곡동 타워팰리스의 경비원들이 이곳을 드나드는 음식점 배달사원들에게 주민등록증을 제시하라고 요구해 논란이 일었다. 타워팰리스에 배달을 갔다가 비슷한 일을 당했던 배달사원들이 "배달원들을 범죄자 취급했다", "인격적인 모욕감을 느꼈다"는 불쾌감을 여러 인터넷 게시판에 올리면서 논란은 더욱 확산되었다. 사실 확인을 해봐야겠지만, 이곳의 경비를 맡고 있는 업체의 직원들은 배달사원들이 인적사항을 기재하고 주민등록증을 맡겼는데도 헬멧과 마스크를 벗을 것을 요구하는 등 마치 용의자를 대하는 경찰처럼 행동했던 모양이다. 아파트 입주민들로서는 안전과 보안을 위해 외부인의 출입을 통제하는 것이 필요했겠지만, 그곳을 찾는 방문자들,

특히 주문이 오면 수시로 그곳을 드나들어야 하는 배달사원들로서는 모욕감을 느낄 만한 일이었다. 게다가 이 일은 '타워팰리스'로 대표되는 우리나라의 상류층이 '배달사원'으로 대표되는 서민층을 상대로 고압적인 자세를 취한 것 같은 상징성으로 인해 파장이 더욱 컸을 것이다.

하지만 이 기사를 접했던 당시만 해도 나는 이 일의 심각성을 깨닫지 못했다. 요즘 새로 생긴 아파트들에서는 출입구마다 경비실을 두고 있어서 방문자들을 꼼꼼하게 단속한다. 하지만 다른 사람의 아파트에 갈 때면 초대를 받아서 가기 때문에 나는 경비원들의 검문을 받은 적이 없었다. 내가 그런 일을 당한 적이 없기 때문에 도곡동 타워팰리스 사례도 무심코 지나갔던 것이다. 그런데 내가 직접 그런 일을 당하고 나니 이 문제에 대해서 다시 생각하지 않을 수 없었다.

주민등록증 좀 봅시다

얼마 전 영종도에 새로 생긴 호텔에서 숙박을 하게 되었다. 호텔을 예약할 때 이미 나의 신상정보를 제공했고 신용카드도 제시했다. 숙박 금액만큼 본인의 신상정보로 보증을 했으니 더 이상의 체크인 절차가 필요 없을 것이라 생각하고 있던 차에 체크인 절차를 돕던 프런트 직원이 지나가는 듯한 말투로 말했다.

"주민등록증 좀 보여주세요."

당황스러웠다. 내가 외국인도 아니고, 분명히 현금이 아니라 카드를 사용했으며, 이미 내 휴대폰으로 사전에 여러 번 통화를 했는데도 주민등록증 제시를 요구한다는 것이 어이없었다. 그런데 더 황당했던 것은 내 질문에 대한 그녀의 답변이었다.

"저, 죄송하지만 무슨 근거로 주민등록증을 요구하시나요?"

"네, 저희 호텔의 기본법입니다."

너무나도 태연한 태도로 응답하는 그녀의 말에 순간, 살짝 화가 치밀었다. 왜냐하면 그녀의 말에서 '우리가 그렇게 정했으니 그대로 따라주세요'라는, 친절을 가장한 강요가 느껴졌기 때문이다.

우리는 일상을 살아가면서 주민등록증을 제시해달라는 요구를 자주 받는다. 내가 영종도의 호텔에서 그랬던 것처럼 숙박시설을 이용할 때라든지, 공공기관이나 언론사, 대기업의 사옥을 출입할 때면 으레 프런트의 안내직원은 주민등록증을 달라고 요구한다. 그러면 안내직원은 방문증을 내밀고, 일을 마친 뒤에 방문증을 돌려주면 그동안 프런트에서 맡아두었던 주민등록증을 돌려받는다. 워낙 일상적인 일이다 보니 큰 건물에 들어설 때는 프런트에 다가가면서 으레 주민등록증이 있는 지갑 쪽으로 손이 먼저 간다. 그러면서도 이상하게 기분이 찜찜했던 경험이 다들 있을 것이다.

사실 타인의 주민등록증을 확인할 수 있는 권리는 지극히 제한되어 있다. 경비와 심문을 하면서 "주민등록증 좀 봅시다"라고 말할 수 있는 법적 근거는 주민등록법인데, 관련 조항에 의하면 타인을 상대로 주민등록증을 요구할 수 있는 때는 '경찰이나 경찰에 준하는 권리나 의무를 가진 공무원이 범인을 체포하는 등의 직무를 수행할 때'이며, 만약 대상이 기타 신분증으로 자신을 증명하지 않을 때에는 '범죄의 혐의가 인정되는 상당한 이유가 있을 때에 한하여 인근 관계 관서에서 거주 관계를 밝힐 것을 요구할 수 있다'라고 명시되어 있다. 이 법조항에서 타인에게 주민등록증을 요구할 수 있는 권리는 경찰과 경찰권을 가진 공무원「주민등록법」제26조에는 이 공무원을 '사법경찰관리[司法警察官吏]'라고 표현하고 있다에게만 있고, 주민등록증 제시 요구에 불응할 때 가까운 관서로 동행시킬 수 있는 것은 '범죄의 혐의가 있다고 인정되는 상당한 이유가 있을 때'로 한정하고 있다. 그리고 이 법조항의 제2항에는 경찰관과 사법경찰관리가 신원을 확인할 때는 친절과 예를 지켜야 하고, 정복을 입지 않았을 때는 미리 자신의 신분을 밝히는 증표를 보여야 한다고 되어 있다. 따라서 법에 의하면, 영종도의 그 호텔 직원은 나에게 주민등록증을 요구할 수 없는 것이다. 물론 호텔 직원은 호텔에서 정한 내규에 따라 행동한 것이었고, 내가 정색을 하자 '기본법'이라는 상황에 맞지 않는 단어를 쓴 것이었다. 하지만 나 역시 예민해져서 주민등록증을 제시하지 않았고 경미한 실랑이가 벌어졌다. 내가 법조항을 들며 조목조목 따지자 난처해진 호텔 측에서는 무료 음료권으로 상황을 무마하려 했다. 물론 나는 그들의 화해 제스처를 받아들였다.

공권력과 수치심 사이

요즘에는 많이 줄어들었지만, 예전에는 경찰이 국민을 상대로 주민등록증을 보여달라고 요구하는 모습을 길거리에서 자주 볼 수 있었다. 때문에 얼굴이 험상궂어서 단골로 경찰의 검문에 걸리는 사람들은 멀리서 경찰관이 보이기만 하면 아무런 잘못도 없으면서 길을 돌아가기도 했다.

2010년 서울 지역에서 불심검문을 당한 시민의 수는 241만 명이다. 전국적으로는 사람과 차량을 합친 불심검문 건수가 5,265만 건에 이른다. 우리나라 성인인구와 차량을 합친 것보다 많은 숫자다. 수치에서 알 수 있듯, 불심검문은 우리나라의 성인이면 누구나 한 번쯤은 경험하게 되는 일상적인 일이라고 할 수 있다.

불심검문은 「주민등록법」 외에 「경찰관직무집행법」 제3조에도 규정되어 있다. 범죄를 저질렀다고 의심할 만한 상당한 이유가 있고 범죄행위에 관련되어 있다고 인정되는 상황, 예를 들어 옷에 피가 묻어 있다거나 불안하게 도망간다거나 흉기를 소지한 것으로 의심되는 등 누가 봐도 범죄와 관련이 있다고 보이는 사람에 대해서만 불심검문을 할 수 있도록 하고 있다.

하지만 오늘날에도 집회가 열리는 현장 주변에서나 사회적으로 문제가 되는 범죄가 빈번하게 발생해서 특별히 치안을 강화해야 한다는 필요성이 있을 때 경찰은 시민들을 상대로 불심검문을 강화한다. 이 글을 쓰고 있는 2012년 9월 현재 전국적으로 살인, 강간, 아동 성폭행 등 흉악 범죄의 발생 빈도가 높아지면서 경찰은 불심검문제도를 부활시켰다. 물론 범죄 예방과 조속한 사건 해결을 위해서는 국민이 경찰에 협조해야 한다. 하지만 문제를 이렇게 단순하게 생각할 수만은 없다. 왜냐하면 불심검문은 공권력이 개인에게 적용되는 가장 일반적인 사례인데, 이 공권력과 개인 사이에는 권리와 의무로만 규정할 수 없는 미묘한 심리적 기제가 깔려 있기 때문이다.

먼저 법에 의한 정상적인 불심검문 집행 절차를 알아보자. 경찰관은 자신의 신분증을 제시하면서 소속과 성명을 밝히고 불심검문의 목적과 이유를 설명해야 한다.

> **경찰관직무집행법**
> **제3조(불심검문)**
> ①경찰관은 수상한 거동 기타 주위의 사정을 합리적으로 판단하여 어떠한 죄를 범하였거나 범하려 하고 있다고 의심할 만한 상당한 이유가 있는 자 또는 이미 행하여진 범죄나 행하여지려고 하는 범죄행위에 관하여 그 사실을 안다고 인정되는 자를 정지시켜 질문할 수 있다.
> ②그 장소에서 제1항의 질문을 하는 것이 당해인에게 불리하거나 교통의 방해가 된다고 인정되는 때에는 질문하기 위하여 부근의 경찰서·지구대·파출소 또는 출장소(이하 "경찰관서"라 하되, 지방해양경찰관서를 포함한다)에 동행할 것을 요구할 수 있다. 이 경우 당해인은 경찰관의 동행요구를 거절할 수 있다.

그러므로 자신의 신분증을 제시하지 않거나 소속과 성명 등을 밝히지 않는 경찰관에게는 이렇게 당당하게 말할 수 있어야 한다.

"당신부터 보여주세요."

그리고 경찰이 신분증을 제시하는 등 적법한 절차를 거쳐 검문을 한다 하더라도 시민이 반드시 경찰관의 요구에 따라야 할 의무는 없다. 경찰관이 신분증 제시를 요구하고 질문을 해도 내가 원하지 않는다면 신분증을 보여줄 필요도, 경찰의 질문에 답변할 의무도 없는 것이다.

경찰이 시민의 소지품을 검사하는 경우도 더러 있다. 어떤 경찰들은 여자를 상대로 불심검문을 할 때 가방을 열어보라고 요구하며 수치심을 주면서 그걸 은근히 즐기기도 한다고 한다. 경찰이 시민의 소지품을 검사할 수 있는 것은 정황상 흉기나 타인을 해칠 수 있는 물건을 소지하고 있다는 판단이 들었을 때다. 하지만 이때도 가방을 만져볼 수만 있을 뿐이다. 가방을 열도록 하기 위해서는 영장이 있어야 한다.

만약 경찰이 임의동행을 요구하여 경찰서로 따라갔다면 경찰은 6시간 안에 조사를 마쳐야 한다. 임의동행에 의한 조사 시간은 6시간을 넘길 수 없으며, 6시간을 넘겨서 조사를 하기 위해서는 법원에서 발부한 영장이 있어야 한다. 그리고 경찰로부터 위법한 불심검문과 강제연행을 당했다면 이는 국가배상 등을 통해 책임을 물을 수 있다.

사실 불심검문이 우리의 생활에 큰 불편을 초래하는 것은 아니다. 아주 잠깐, 길어야 1분 정도 경찰과 마주하고 있는 것이 전부다. 그런데도 불심검문을 당할 때면 마음이 불편해진다. 왜 그럴까?

새벽 1시가 넘은 시각, 주택가의 주차장에서 만수(가명)는 휴대폰으로 친구와 통화를 하고 있었다. 근처 지역을 순찰하던 경찰이 다가와 말했다.

공권력은 누구의 권력인가?

경찰청

"이 시각에 남의 주차장에서 뭐하십니까? 불심검문 좀 하겠습니다. 신분증 보여주시죠."

곧 경찰 한 명이 더 가세했다. 전화 통화를 하고 있는 걸 빤히 보고도 경찰이 그런 요구를 하자, 만수는 기분이 상했다. 만수는 통화하던 상대에게 잠시 기다리라고 하고는 왜 나를 불심검문하느냐고 경찰에게 따졌다. 잠시 경찰들과 만수 사이에 실랑이가 벌어졌지만, 만수는 결국 운전면허증을 건네주었다. 만수는 젊었다. 뭔가 부당하다는 생각이 들어 갑자기 화가 치밀었다. 그래서 경찰을 향해 욕설을 했다.

"내가 무슨 나쁜 짓 했어? 검문 똑바로 해, 개○○야!"

그러자 경찰은 모욕죄 현행범으로 체포한다며 미란다원칙을 고지한 후 붙잡으려 했다. 만수는 경찰의 멱살을 잡고 밀쳤다. 두 명의 경찰에게 힘이 부치자 경찰 한 명의 팔을 물었다. 경찰은 만수를 제압하고는 양팔을 등 뒤로 한 채 수갑을 채웠다.

검찰은 만수를 기소했다. 경찰에게 욕설을 한 것에 대해 모욕죄를, 모욕죄 현행범으로 체포하는 경찰에게 저항하고 상처를 입힌 것에 대해 공무집행방해죄와 상해를 적용했다. 욱하는 감정을 참지 못해 졸지에 범죄자가 되고 만 것이었다.

만수는 벌금을 물었다. 아예 경찰의 불심검문에 응하지 않았더라면 되었을 것을, 괜히 응한 뒤에 화가 치밀어서 거칠게 행동한 것이 만수를 범죄자로 만들었다. 여기서 한 가지 생각해볼 것이 있다. 왜 만수가 경찰의 불심검문에 그렇게 거칠게 행동했느냐 하는 것이다.

우리나라 국민들은 경찰의 불심검문에 굉장히 잘 응하는 편이다. 물론 그렇다고 국민들이 경찰에 협조적이라는 말은 아니다. '협조적'이라면, 경찰의 불심검문에 응하면서 기분이 나빠지지 않아야 하는데, 대다수 국민들은 경찰의 요구에 응할 때 불쾌감을 느낀다. 불쾌감을 갖는 것이, 신분 확인을 요구하는 경찰의 고압적인 자세 때문이기도 하겠지만, 더 근본적으로는 '나'로서는 어찌할 수 없는 어떤 힘이 '나'의 삶을 좌지우지할 수 있다는 선험적인 공포와, 결국 그 힘에 굴복하고 말았다는 수치심, 무언가 부당한 상황에서 제대로 대처하지 못했다는 자괴감 등의 여러 가지 복잡한 심리적 기제가 우리를 불편하게 만드는 것이다.

경찰을 대할 때 갖게 되는 이 불편한 감정은 어디서 기인하는 걸까? '경찰' 하면 '범죄'가 떠오르는 기억의 연상작용 때문일까? 그런데 나는 근대의 역사 속에서 왜곡된 경찰의 이미지가 오늘날까지도 우리의 의식에 영향을 미치고 있기 때문일지도 모른다는 생각을 하고는 한다. 그 '근대의 역사'란 바로 일제강점기를 말한다.

경범죄처벌법, 잘못 끼워진 단추

2012년 2월, 국회는 「경범죄처벌법」을 전면 개정했다. 개정 전의

「경범죄처벌법」에는 굴뚝 청소를 하지 않았다거나 허가를 받지 않고 춤을 교습하는 행위 등이 모두 처벌 대상이었다. 오랜 시간 시대의 흐름을 반영하지 못한 채 방치되다시피 했던 법이 이제야 현대의 실정에 맞게 정리가 된 것이다.

내가 강의하는 〈생활과 법률〉 시간에 학생들에게 자주 출제하는 문제가 있는데, 그중 하나가 경범죄처벌법과 관련된 것이다. 예를 들면 이런 형태다.

> 「경범죄처벌법」 가운데 폐지되어야 한다고 생각하는 법조문을 쓰고 왜 개정해야 하는지 개정 이유를 밝힌 뒤 개정한 법조문을 쓰시오.

「경범죄처벌법」이 개정되기 전, 그러니까 2011학년도까지만 해도 법조문을 들여다본 학생들은 현실과 맞지 않는 법이 너무도 많아서 무엇을 골라야 할지부터 고민을 해야 했다. 학생들이 가져온 답안을 보고 있으면, 젊은 친구들만의 독특한 문화와 정신세계를 엿볼 수 있어서 참 즐거웠다.

평생 법 없이도 살 것 같은 사람들도 실수로 벌금을 내고는 한다. 바로 이 '실수'를 법으로 정해서 처벌하기로 명시해놓은 법이 「경범죄처벌법」이다. 따라서 「경범죄처벌법」은 법 가운데서 우리의 생활과 가장 밀접한 것이라고 할 수 있다.

공권력은 누구의 권력인가?

수업시간에 학생들에게 이런 질문을 던지고는 한다.

"경범죄처벌법은 누가 만들었을까요?"

길거리에 침이나 껌을 뱉으면 안 되고, 새치기를 해서도 안 되고, 흡연을 금지하는 공공장소에서 담배를 피워서도 안 되고, 아무리 오줌이 마려워도 화장실이 아닌 곳에서 일을 봐서는 안 된다. 이것들은 모두 세상을 살아가면서 꼭 지켜야 하는 기본적인 도덕이기 때문에 일상의 약속들이 자연스럽게 법으로 안착했을 가능성이 크다. 더불어 살아가는 사회에서 타인이 나에게 하지 말기를 바라는 것들이 누군가의 발의에 의해 법제화된 것이다. 우리나라의 경우, 이런 행위들을 법제화한 주체는 '일본'이었다.

한국의 「경범죄처벌법」은 일본의 경찰이 식민지체제를 유지하는 방법적 제도의 하나로서 도입한 '경찰범처벌령'에 기초하고 있다. 이것이 나중에 '경찰범처벌규칙'으로 자리를 잡았다. 죄형법정주의, 즉 '법률로 규정된 것만이 범죄'라는 법의 정신을 가장 악랄하게 활용한 대표적인 산물이라고 할 수 있다.

> **경찰범처벌령**
> 1908년 일본이 제정한 경범죄 관련 법령으로 경찰국가의 관점에서 국민을 통제하기 위해 만들어졌다. 이 법령은 원래 일본에서 먼저 탄생했다. 이후 식민지체제를 강화하기 위한 수단으로 조선에 이식되었다.

일본이 만든 경찰범처벌령은 경찰이 우리 국민의 삶에 개입할 수 있는 법적 근거를 제공했다. 미풍양속과 질서 확립이라는 명목 아래에 우리 국민의 일상을 단속함으로써 일본이 세운 체제를 유지하고자 했던 것이다. 이것은 국가권력이 개개인의 일상에 함부로 개입하는 불법행위를 합법화한 악법 중의 악법이었다.

이처럼 경찰범처벌령은 비슷한 시기에 만들어진 조선태형령과 함께 일본이 우리 민족을 학대하고 탄압하는 데 있어 법적 근거를 제공했다. 이미 예전부터「경범죄처벌법」의 역사와 문제점을 비판하는 글과 목소리가 나오고 있었으며, 이 법을 폐지하자는 주장도 거듭되고 있다.

조선태형령
조선총독부가 1912년 12월 30일에 제정하고 공포한 처벌 규정이다. '조선인과 명태는 두들겨 패야 한다'는 의미가 담겨 있으며, 독립운동가, 반일사상가는 물론 일반 형사범까지도 가혹한 매질로 다스릴 수 있는 합법적 장치를 마련한 것이었다. 일제가 조선인에 대해서 고문과 가혹행위를 할 수 있는 법적 근거가 되었다.

일본이 만든 잘못된 법률로 우리 민족을 처벌하고, 합법적으로 가혹행위를 한다……. 그런데 우리 민족을 잠정적인 범죄자 일제에 대항함으로써로 보는 그릇된 시각을 교정하지 않은 채 그대로 계승한 것이 바로 오늘날의「경범죄처벌법」인 것이다.

1954년, 국회는 경찰범처벌규칙을 폐지하고「경범죄처벌법」을 제정했다. 그러나 그 내용을 들여다보면, 단지 '규칙'에서 '법'으로 이름만 바뀌었을 뿐 거의 대부분의 조항들을 그대로 유지한 채 여전히 경찰이 국민의 생활에 간섭할 수 있는 근거를 제공하고 있다. 이후「경범죄처벌법」을 개정하기 위한 논의가 진행될 때면 경찰들은 기를 쓰고 이 법률을 지키기 위해 애썼다. 결국 경찰의 의도대로「경범죄처벌법」은 오늘날까지도 유지되고 있다.

「경범죄처벌법」에 의하면 국민 모두가 거리로 나서는 순간부터 잠정적인 범법자가 된다. 경찰이 마음만 먹으면 한 장소에서 짧은 시간 안에 수십 명을 범법자로 만들 수 있다.

범법과 위법의 함정

우리나라 국민들은 2013년 3월 22일부터 새로 개정된 「경범죄처벌법」의 적용을 받는다. 다음은 2013년 3월 22일부터 일어날 수 있는 일을 가상으로 꾸며본 것이다.

2013년 3월 22일, 화장품 가게에서 아르바이트를 하는 혜진이는 평소와는 달리 신이 났다. 가게 사장이 오늘 안으로 얼굴촉촉크림 백 개를 팔면 판매수당을 얹어주겠다고 했기 때문이다.

"바르면 순식간에 피부에 물기가 도는 크림이에요!"

혜진이는 바구니에 담긴 샘플을 지나가는 행인들에게 나누어주며 목청을 높였다.

바로 그때, 갑자기 경찰이 다가오더니 「경범죄처벌법」 제3조제8항에 의거하여 범법행위를 했으니, 10만 원의 벌금을 내야 한다고 통고하고는 범칙금고지서를 발부했다. 혜진이는 어안이 벙벙해서 할 말을 잃었다. 지금까지 하던 대로 했을 뿐인데, 왜 갑자기 이런 일을 당한 걸까?

혜진이의 행위는 새롭게 개정된 「경범죄처벌법」 제3조 '경범죄의 종류'에서 정하고 있는 제8항 '여러 사람이 모이거나 다니는 곳에서 영업을 목적으로 떠들썩하게 손님을 부른 사람……'의 적용을 받는다. 이 법에 따르면 2013년 3월 22일부터 남대문시장이나 동대문시장을 비롯한 우리나라의 재래전통시장에서는 활기와 생기가 사라질 판이다. 시장을 찾은 손님들을 상대로 손뼉을 치면서 장단을 맞추고 목소리를 높였다가는 모두 범법자가 되기 때문이다.

물론 새로 개정된 「경범죄처벌법」이 발효된다 하더라도 경찰이 당장 시장상인들에게 무더기로 '딱지'를 남발하지는 않을 것이다. 경찰과 시장상인들은 오랫동안 같은 지역에서 함께 어울리며 정을 쌓은 처지여서 이웃을 상대로 무자비한 법 적용을 하지는 않을 것이기 때문이다. 하지만 법대로 하자면, 경찰의 이 묵인도 범법행위가 된다.

그리고 경찰이 「경범죄처벌법」을 곧바로 적용하지 않고 묵인하는 이러한 관행은 또 다른 문제를 양산할 수 있다. 경찰이 법에 명시된 대로 집행하지 않는다는 것은 특정 대상을 비호한다는 것으로 해석할 수도 있는데, 이런 상황은 국민들 사이에 '경찰이 봐주기 때문에 장사를 할 수 있다'는 그릇된 분위기를 형성할 수 있다. 바꾸어 말하면, 내가 장사를 잘하고 못하고는 모두 경찰의 재량에 달려 있다는 것이다. 법에 저촉되는 행위로 인해 벌금을 내야 할 상황에 항상 처해 있다, 그런데 경찰이 봐준다, 하지만 경찰에게 잘못 보이면 쇠고랑을 찰 수도 있다……. 이런 분위기 속에서 경찰이 과연 시민사회를 상대로 건강한 행정을 펼칠 수 있을까? 오히려 군림하려 하지 않을까?

우리나라의 「경범죄처벌법」은 법 적용의 기준을 너무 낮게 잡고는 그것을 처벌할 것인지 말 것인지의 재량권을 경찰에게 일임하는 형태를 취하고 있다.

'법이 이렇기 때문에 너희들 죄다 범칙금을 내야 되고 범법자가 될 수 있지만 우리가 봐주는 거야.'

우리나라의 「경범죄처벌법」이 딱 이 모양이다.

국민이 법 앞에서 당당할 때 공권력은 원래의 취지와 목적을 달성할 수 있다. 과도한 법적 재량권은 공권력의 변질을 초래한다. 현재 「경범죄처벌법」의 모양새는 성인 국민 모두가 잠정적인 범법자가 될 수 있는 가능성을 열어놓고는 국가가 아량을 베푸는 형태로 만들어져 있다. 이렇게 해서는 절대 국민이 법 앞에서 당당할 수 없다. 평소에 아무런 제재를 받지 않고 하던 일상적인 행동들이 경찰의 마음먹기에 따라 어느 순간 범법행위로 돌변한다면, 국민들은 여전히 경찰에 대해서, 경찰의 불심검문에 대해서 모종의 공포와 수치심을 느낄 수밖에 없을 것이다.

법이 많아지면 범죄도 많아진다

어떤 한 가지 행위에 대해 적용할 수 있는 법이 너무 많은 것도

법의 유통 권력자들

경범죄처벌법은 조선 침탈을 목적으로 했던 일본의 법을 계승한 것이다.

문제다. 다시 이야기를 「경범죄처벌법」으로 돌려보면, 길을 걸으면서 담배를 피우다가 담배꽁초를 버린 행위에 대해서는 「경범죄처벌법」과 「질서위반행위규제법」, 각 시도 조례의 적용을 받을 수 있다. 또 공원에서 자연을 훼손한 행위에 대해서는 「경범죄처벌법」과 「공물관리법」, 「질서위반행위규제법」, 각 시도의 조례에 명시된 사항을 위반한 것이 된다. 법을 집행하는 주체는 이 가운데 처벌의 가볍고 무거움에 따라 재량권을 가지고 법을 적용할 수 있다. 한마디로 법을 가지고 흥정을 할 수 있는 것이다.

그리고 개정된 「경범죄처벌법」에는 이런 조항이 명시되어 있다.

'취한 채로 관공서에서 몹시 거친 말과 행동으로 주정하거나 시끄럽게 한 사람은 60만 원 이하의 벌금, 구류 또는 과료의 형으로 처벌한다.'

관공서에서 소란을 피웠을 경우에 처벌할 법률이 이미 있음에도 또 다시 60만 원 이하의 벌금, 구류 또는 과료의 형으로 처벌한다고 규정하고 있다. 「형사소송법」에서 구속이나 체포의 기준이 벌금 50만 원이므로, 이렇게 되면 경찰관의 업무를 방해했을 때 경찰관의 자의적 판단에 의해 얼마

몰수
범죄행위와 관련된 재산이나 범죄행위로 인해 부당하게 취득한 재산에 과하는 재산형 형벌이다. 몰수는 다른 형벌을 선고하는 것과 동시에 과할 수 있고, 몰수만을 독립적으로 과할 수도 있다.

벌금
범죄행위에 대해 처해지는 형벌로, 재판절차를 거쳐 일정한 금액을 국가에 납부하게 하는 형사처벌이다. 전과기록에 남는다. 또한 벌금은 형벌이기 때문에 국가에 납부하지 않을 경우, 최고 3년까지 노역장에 유치할 수 있다.

과료
범죄인으로부터 일정한 금액을 징수하는 형벌. 벌금보다는 금액이 적고 비교적 경미한 범죄에 과해진다. 과료는 2천 원 이상 5만 원 미만이다. 벌금과 마찬가지로 과료를 납입하지 않을 경우, 30일 미만의 기간 동안 노역장에 유치될 수 있다.

과태료
형벌의 성질을 가지지 않는 법령 위반에 대해 시청, 군청 등이 부과하는 금전적 징계다. 주차위반을 했다거나 주민등록법 규정을 위반했을 때 부과된다. 몰수, 벌금, 과료와는 달리 전과기록에는 남지 않는다.

든지 현행범으로 체포 또는 구속이 가능하다.

「경범죄처벌법」에서 규정하는 내용들은 대부분 「질서위반행위규제법」을 적용해서 과태료(과태료는 전과기록이 남지 않는다)를 부과하는 방식의 행정처벌이 얼마든지 가능하다. 그런데 경찰관의 판단과 마음먹기에 따라 단순 범법행위를 한 시민을 형사범죄자로 만들 수 있는 것이다.

그리고 시민의 단순 범법행위가 심각한 범죄로 이어졌을 때는 「형법」으로 다스리면 된다. 다시 말해서 법원이 정하는 절차에 따라 공정한 심판을 받아 처벌을 받을 수 있는데도 「경범죄처벌법」은 약식으로 처벌한다는 명분으로 경찰에게 과도한 재량권을 부여하고 있다. 법원 들락거리지 말고 벌금으로 간단하게 해결하라는 것인데, 법원이라고 하면 오금부터 저리는 국민들에게 절차의 간소함이라는 당근을 주면서 현혹하는 것이 이 「경범죄처벌법」이다.

「경범죄처벌법」이 과연 누구를 위한 법인지, 우리는 냉정하게 생각해야 한다. 일제강점기의 잔재가 경찰의 편의를 위해 시민을 단속할 수 있는 명분을 제공하면서 그대로 살아남았다. 경찰을 내세운 국가권력은 「경범죄처벌법」으로 마음만 먹으면 언제든지 선량한 국민을 단죄할 수 있는 가능성을 열어두었다. 「경범죄처벌법」이 사회질서와 미풍양속을 유지하기 위한 제도적 장치라는 그럴싸한 명분을 맹목적으로 수용해서는 안 된다. '언제라도 국민의 일상에 개입할 수 있다'는 이 법률의 이면을 파악해야만 제대로 된 법질서를 세울 수 있을 것이다.

고무줄 잣대와 검찰 재량권

강 씨는 자신이 운영하는 가게에서 아르바이트를 하던 종업원 정숙 양을 성추행한 혐의로 입건되어 재판을 받았다. 검찰은 정숙 양이 만 13~19세에 해당하는 것을 감안해 강 씨를 「아동·청소년의 성보호에 관한 법률」을 위반한 혐의로 기소했다. 재판이 진행되던 도중에 강 씨는 정숙 양과 합의했고, 정숙 양과 그녀의 부모는 처벌을 원하지 않는다는 뜻을 재판부에 전달했다. 그러나 「아동·청소년의 성보호에 관한 법률」을 위반한 죄는 반의사불벌죄가 아니어서 피해자가 처벌을 원하지 않는다 하더라도 처벌을 피할 수 없다.

형사사건에서는 가해자와 피해자가 합의하면 수사를 종결시키고 재판을 중지시킬 수 있는 유형의 범죄가 있다. 특히 국가의 의도보다도 피해자의 의사를 존중하는 범죄에서는 합의가 사건의 모든 사항을 종결시키는 가장 큰 힘을 발휘한다. 이처럼 피해자의 의사를 중시하는 법적 제도로서 '친고죄'와 '반의사불벌죄'가 있다.

친고죄는 피해자의 고소가 있어야만 공소제기 요건이 충족되는 죄를 말한다. 다시 말해서 피해자가 고소를 하지 않으면 죄를 지은 사실이 있다 하더라도 검사는 기소할 수 없고 판사도 유무죄의 판단을 내릴 수가 없다. 친고죄의 가장 대표적인 사례가 간통죄다. 간통죄는 배우자의 고소가 있어야만 법적 공권력이 개입할 수 있고 반드시 이혼을 전제로 한다. 이 외에 강간, 강제추행, 모욕죄, 저작권법 위반 등이 모두 친고죄에 해당한다.

반의사불벌죄는 피해자의 의사에 반하여서 죄를 논할 수 없는 범죄를 일컫는다. 피해자가 가해자의 처벌을 원하지 않는다고 의사 표시를 하면 처벌할 수가 없다. 친고죄와 달리 고소를 하지 않더라도 수사와 재판을 진행할 수는 있지만, 피해자가 가해자를 처벌하지 말아달라고 하면 그 순간 사건은 종결된다. 폭행, 과실상해, 협박, 명예훼손 등이 여기에 속한다.

위 사건에서 검찰이 강 씨를 기소하면서 적용한 법률인 「아동·청소년의 성보호에 관한 법률」에 저촉된 죄는 친고죄가 아니므로 피해자의 의사와 상관없이 강 씨는 처벌을 받아야 했다. 그런데 재판부는 강 씨의 범죄가 친고죄가 적용되는 「성폭력 범죄의 처벌 등에 관한 특례법」에도 해당되기 때문에 피해자가 처벌을 원치 않는다면 굳이 강 씨를 처벌할 이유가 없다고 판단하여 검찰의 공소를 기각했고 강 씨는 풀려났다.

이처럼 강 씨가 저지른 범죄행위는 하나이지만 「아동·청소년의 성보호에 관한 법률」과 「성폭력 범죄의 처벌 등에 관한 특례법」 모두의 적용을 받을 수 있다. 정숙 양은 만 13세 이상의 미성년자이기도 하고 고용주에 대한 피고용인으로서 「성폭력 범죄의 처벌 등에 관한 특례법」 위반의 한 종류인 '업무상 위력 등에 의한 추행'에도 해당되기 때문이다. 이 두 가지 법률의 차이점은 친고죄인가 아닌가 하는 것인데, 이 판단에 따라 양형의 차이가 난다.

성추행의 경우, 「아동·청소년의 성보호에 관한 법률」에 저촉되었을 때는 1년 이상 또는 500만~2,000만 원 이하의 벌금에 처하는데, 「성폭력 범죄의 처벌 등에 관한 특례법」은 징역 2년 이하 또는 500만 원 이하의 벌금에 처한다. 「아동·청소년의 성보호에 관한 법률」에 저촉된 범죄의 법정형이 더 무겁다.

검찰은 재판부의 1심 판결에 승복하지 않고 항소했다. 항소심 재판부는 강 씨의 범행을 친고죄로 보고 피해자의 의사에 따라 강 씨를 풀어주었던 원심과 다르게 판결했다. 서울고법 형사 10부는 "동일한 기본적 사실관계가 2개 이상 범죄의 구성 요건에 해당되는 경우, 검사가 구체적인 사건의 죄질 및 정상 등을 참작해 적합한 하나의 죄명과 적용 범죄를 선택해 기소하는 것은 검사의 소추재량권 범위 내에 있다고 봐야 한다"면서 "검사의 적법한 공소 제기로 보인다"고 판결 이유를 밝혔다. 다시 말해서 '불고불리의 원칙판사는 검사가 심판을 청구한 사건에 대해서만 심리하거나 판결해야 한다는 뜻'을 지켜야 한다는 말이었다.

재판부는 결국 원심을 파기하고 수원지법 안양지원으로 사건을 환송했다. 풀려났던 강 씨는 다시 구속되었다.

내가 강 씨를 두둔하기 위해서 이 글을 썼다고 오해하지 말기를 바란다. 물리력을 사용해서 여종업원을 추행한 강 씨는 처벌을 받아 마땅하다.

여기서 독자들과 함께 생각해보고 싶은 문제는, 우리나라 법은 하나의 범죄행위에 대해 적용할 수 있는 법률의 종류가 하도 많아서 검찰과 경찰의 의지에 따라 같은 범죄에 각각 다른 법이 적용되고 형량도 달라질 수 있다는 점에 관한 것이다. 위 사건을 심의한 항소심 재판부는 불고불리의 원칙을 들어 검사가 청구한 내용에 대해서만 판사가 심리할 수 있다고 판단을 내렸다. 그렇다면 검사의 재량권이 너무 강화되는 것이 아닐까?

검사의 재량권에 따라 그때그때 다른 법을 적용한다면, 법의 형평성이 무너질 수 있다. 소위 말하는 '솜방망이 처벌'이라는 것도 그래서 생겨난 말이다. 위법한 사실이 분명한데도 범죄인의 사회적 지위와 경제적 영향력, 정치적 함수관계에 따라 낮은 형량을 받을 수 있거나 아예 기소와 판결 자체를 종결시킬 수 있는 법을 적용하여 기소한다면 범죄인은 아무런 처벌도 받지 않고 풀려날 수 있다. 반대로 죄질이 나쁘지 않은 범법행위임에도 검찰이 반드시 어떤 대상을 범죄자로 만들어야겠다고 마음먹는다면, 지은 죄 이상의 처벌로 그 대상을 완전히 사회적으로 매장시킬 수 있다. 같은 사안에 대해 어떤 잣대를 들이대느냐에 따라 결과가 터무니없이 달라질 수 있는 것이다.

법체계가 혼란스러우면 법을 집행하는 사람들의 재량권이 확대된다. 어떻게 해석하느냐에 따라 각기 다른 법을 적용하여 한쪽을 유리하게 만들거나 불리하게 만들 수 있는 것이 현재 우리나라의 법률체계다.

법이 남발되고 있다. 엇비슷한 범죄행위에 대해서 각 행정부처가 소관별로 각각 다른 법을 가지고 있는 경우가 허다하다. 지금부터라도 중구난방으로 산재해 있는 법률 조항들을 하나로 묶어 통일시키는 작업을 시작해야 한다.

어떤 것을 엉망으로 만드는 것은 금방이다. 하지만 엉망이 되어버린 것을 바로 세우는 데에는 그 수천 배의 시간을 필요로 한다. 우리나라의 법률체계를 바로 세우는 작업은 앞으로 백 년이 걸릴지도 모를 엄청난 사업이다. 하지만 누군가는 시작해야 한다. 몇 대에 걸쳐 더디게 진행된다 하더라도 훗날 우리의 후손들이 공정한 법질서 속에서 개개인의 자유와 권리를 누리도록 만들기 위해서는 꼭 해야만 한다.

Chapter 3 　법을 차지하기 위한 위험한 힘겨루기
국민을 위한다는 대원칙의 실종

　최근 검찰과 경찰의 힘겨루기가 한창 진행 중이다. 수면 아래에 잠자고 있던 검찰과 경찰의 갈등은, 그동안 관행적으로 검사사건 피의자 호송 업무를 담당해왔던 경찰이 앞으로는 이를 거부하겠다고 밝히면서 가시화되었다. 경찰은 검사사건의 피의자를 호송하는 업무에 경찰 인력이 동원되는 것은 부당하며, 이로 인해 경찰 본연의 업무에 집중할 수 없어 치안공백이 발생하고 있다고 그 이유를 밝혔다.

　예를 들어, 용의자를 검거하기 위해 경찰관이 잠복근무 중이다. 그런데 갑자기 검찰 쪽에서 피의자를 호송해가라는 연락이 왔다. 현재 경찰서에는 여유 인력이 없어 현장에서 근무하던 경찰관 중 일부가 이 호송 업무에 차출된다. 한 사람이라도 더 필요한 일촉즉발의 현장에서 경찰 인력의 일부가 빠져나가자 경찰관들의 사기는 급격하게 저하된다. 경찰은 검찰의 업무를 지원하느라 자기네가 꼭 있어야 할 검거현장에 있을 수 없어 범인을 검거하는 비율이 떨어지고 있다고 주장한다.

검찰과 경찰의 갈등이 깊어지자 정부는 검사사건 피의자를 호송하는 것은 기본적으로 검찰 인력으로 처리하는 것을 전제로 하는 합의점을 찾아서 두 조직 간의 양해각서를 작성하라고 권고했다. 하지만 정부가 시한으로 제시했던 6월말을 넘긴 지금까지도 2012년 8월 여전히 해결책을 찾지 못한 채 검찰과 경찰 사이에 형성된 갈등의 골은 점점 깊어지고 있다.

이 문제와 갈등을 법적으로 해결할 방법은 없을까? 안타깝게도 현재로서는 없다. 검찰과 경찰은 각각 자체적으로 만든 범죄인 및 피의자 호송 규칙을 두고 있는데, 그 내용이 제각각 다르기 때문에 검찰과 경찰에게 동시에 적용할 수 있는 통합 호송 규칙이 필요하다. 하지만 이 통합된 규칙을 새로 만들기 위해서는 검찰과 경찰이 서로 어느 정도 양보를 해야 하는데, 이게 이루어지지 않고 있는 것이다. 그리고 사실 피의자 호송 문제는 표면적인 것일 뿐이다. 검경 갈등의 골은 훨씬 근본적인 문제에 기원을 두고 있다.

법의 유통 권력자들

중세 유럽에서 죄인을 호송하던 마차

밥그릇 싸움 중인 검찰과 경찰

　대부분의 국민들은 검찰이 경찰의 상급 기관인 것으로 잘못 알고 있다. 검찰과 경찰의 관계에 대해서 일반인들이 가장 쉽게 접할 수 있는 매체가 영화인데, 영화에서 보면 검사가 경찰관들을 지휘하고 명령하는 장면이 많이 나오기 때문에 그렇게 잘못 이해하고 있는 것이다.

　검찰은 법무부 소속이고, 경찰은 행정안전부 소속이다. 상급, 하급 기관으로 나뉘려면 소속 부서가 같아야 하는데, 두 조직은 소속 부서 자체가 아예 다르다. 하지만 사건 수사에 관한 지휘권은 검찰에게 있다. 그러니까 수사의 지휘계통에서 검찰이 우위에 있는 것이지, 검찰이 경찰의 상급 기관은 아닌 것이다.

　그렇다면 왜 법무부 소속의 검찰이 행정안전부 소속의 경찰을 지휘하게 되었을까? 그 시작을 알기 위해서는 일제강점기로 시간여행을 해야 한다.

　일제강점기 때 경찰의 주된 업무는 우리나라에 대한 일제의 지배체제를 유지하고 강화하는 것이었다. 이 시기의 경찰이 죄다 일본인이었는가 하면 그렇지 않았다. 사실은 대부분이 조선 사람이었고, 일본인은 요직과 간부만을 차지하고 있었다. 그러니까 조선인 경찰이 일제에 협력하면서 우리나라 사람을 탄압했던 것이다.

　해방 직후 과도기를 겪으면서 사회는 크게 혼란스러웠다. 되찾은 주권으로 새로운 나라를 건설하는 것도 중요한 일이었지만, 국가의 치안을 유지하는 것 역시 매우 중요한 일이었다. 그래서 일본의 항복을 받아낸 미국은 일본을 도왔던 경찰들을 대부분 그대로 수용했다. '일본 앞잡이' 행세를 하던 친일 경찰이 다시 우리나라의 경찰이 된 것이다.

이 무렵, 일제에 대항해 독립운동가들을 변호했던 조선인 변호사들은 판사와 검사로 변신했다. 일제에 협력했던 경찰과, 독립투사들을 도왔던 판·검사. 누가 봐도 신뢰 면에서 현격한 차이가 났다. 그래서 친일 전력이 있는 경찰을 검사가 통제해야 한다는 여론이 강했다. 새로 출범한 정부는 이 여론을 수용하여 경찰에 대한 지휘권이 검찰에 있다는 법을 만들었다.

이상에서 살펴본 바와 같이 대한민국 경찰과 검찰은 그 출발점이 극명하게 달랐다. 친일 전력이 있는 경찰은 독립운동가의 변호인 출신 검사들에게 주눅들 수밖에 없었기에 검찰의 지휘권을 인정했다. 게다가 교육 수준이나 능력 면에서도 경찰은 엘리트 출신인 검사들과 비교가 되지 않았다.

그런데 이제는 과거에 비해 상황이 많이 달라졌다. 시간이 지나면서 친일이라는 주홍글씨는 지워졌고, 경찰대학 출신을 비롯하여 우수한 인재들이 경찰관으로 재직하게 되면서 경찰관들 사이에 더 이상 검사의 일방적인 지시와 명령을 따를 수만은 없다는 자각이 시작된 것이다. 더 이상 검사사건의 피의자를 호송하는 업무를 담당할 수 없다는 경찰의 입장은, 그동안 검찰의 심부름꾼으로 전락하면서 사기가 크게 떨어진 경찰의 분위기를 쇄신하고 스스로 주체적으로 치안을 담당하고 수사를 진행하겠다는 의지의 표현으로 보인다. 그리고 여기에 일부 검사의 전횡과 부정으로 인해 유발된 검찰에 대한 불신도 크게 한몫했을 것이다.

앞으로도 두 조직이 원만한 합의점을 찾기 위해서는 꽤 오랜 시간이 필요할 것 같다. 그런데 이렇게 검찰과 경찰이 첨예하게 대립하면서 힘겨루기를 하는 동안 그 피해는 고스란히 국민의 몫이 되었다.

2012년 4월, 우리나라의 한 여성이 중국동포 남성에게 납치되어 성폭행을 당한 뒤 무참하게 살해당한 '수원 여성 납치 사건'을 기억할 것이다. 당시 이 사건에서는 범인의 잔혹한 범행 이외에 경찰의 무능한 대처가 도마 위에 올랐다. 살해를 당한 여성이 자신의 휴대폰으로 신고를 해서 자신이 갇혀 있는 곳의 위치까지 알려주었음에도 경찰이 늑장을 부리는 사이 끔찍한 일을 당했기 때문이다. 이 일을 계기로 '위치추적'에 관한 법률인「위치정보의 보호 및 이용 등에 관한 법률」을 둘러싼 논쟁이 점화되었고, 그 과정에서 진즉에 개선되었어야 할 위치추적에 관한 규칙이 검찰과 경찰의 힘겨루기에 의해 진행되지 못했다는 사실이 뒤늦게 밝혀졌다.

2007년 8월, 서울 홍익대 앞에서 여성 회사원 2명이 납치되어 살해된 사건을 계기로 경찰은 112에 신고가 접수되는 동시에 위치추적을 할 수 있도록 법률안을 개정하는 작업에 들어갔다. 당시 피해자들은 112 접수원과 통화가 되었지만, 경찰은 신고자 동의를 구하지 못해 위치 조회를 할 수 없었고, 며칠 뒤 피해 여성들은 시신으로 발견되었다.

경찰은 2008년에 국회의원들을 통해 '긴급구조 요청시 경찰도 요청자의 위치정보를 이용할 수 있다 _{기존의 위치추적은 경찰이 검찰에 신청하고, 검찰이 다시 법원의 승인을 받는 형태로 진행되었다}'는 내용의 「위치정보의 보호 및 이용 등에 관한 법률」 개정안을 발의했다. 정부 역시 사안의 중대성이 거론되던 터여서 유사한 내용의 법안을 제출한 상태였다. 하지만 법무부는 '경찰의 위치추적 오남용을 막기 위해 검찰과 법원의 통제를 받아야 한다'며 법률 개정안에 제동을 걸었다. 이후 이 법률의 개정안은 국무회의를 거치며 경찰에 위치추적권을 주되 법원의 사후 승인을 받도록 한다는 내용으로 정리되었다.

하지만 이 개정안 역시 결국에는 국회 본회의에서 논의조차 되지 못하고 폐기되었다. 2010년 국회 법제사법위원회의 검사 출신 국회의원들이 수사의 지휘체계가 흔들린다면 공직사회의 기강을 해칠 수 있다는 논리를 내세워, 위치추적을 할 때는 검찰에 신청하고 법원의 허가를 얻는 기존의 방식으로 진행해야 한다는 입장을 고수했기 때문이다. 여기에 경찰이 위치추적권을 가질 경우, 지휘권자인 검찰에 의한 인권침해가 발생할 소지가 있다는 의견이 덧붙여져 결국 이 개정안은 무기한 보류되었다가 18대 국회가 끝나면서 자동적

법을 차지하기 위한 위험한 힘겨루기

복잡한 법적 절차로 인해 위치추적 시스템이
범죄 방지에 실효를 거두지 못하고 있다.

으로 폐기되었다.

만약 18대 국회에서 위치추적과 관련한 법률 개정안이 통과되었다면 어땠을까? 어쩌면 112에 신고를 했던 수원 사건의 피해 여성은 목숨을 건졌을지도 모른다. 실제로 경찰은 사태가 심각하다는 판단이 서면 절차를 무시하고 위치추적을 해서 수사를 진행하기도 한다고 한다. 이와 관련하여 한 경찰관은 이렇게 말했다.

"사람 목숨이 달린 일에 편법이 어디 있고, 합법이 어디 있습니까?"

과연 법이란 누구를 위한 것인지, 다시 한 번 생각하게 만든다.

정의 없는 정의사회

우리는 어릴 때부터 법이 '정의를 실현하는 수단'이라고 배워왔다. 국사 연대표를 외우는 것처럼 마냥 가르치는 대로 달달 외웠던 이 문구가 완성되기 위해서는 한 가지를 더 배워야 했다. 그런데 우리는 거기에 대해서는 아무런 가르침도 받지 못했다. 우리가 필요로 하는 그 가르침이란 '과연 정의란 무엇인가' 하는 것이다.

정의를 한자로 쓰면 '正義'가 된다. 그런데 원래는 '正'이 아니라 '政'을 썼다. 고대에 쓰인 政은 정복을 한 땅에서 나는 공물을 징수하는 행위를 정당화하는 것을 의미했다. 이것이 시대의 흐름에 따라 점점 변하면서 '똑바른 것', '올바른 것'을 의미하게 되었고, '政義'가 '正義'로 변한 것이다. 되짚어보면, 원래 정의란 지배자의 논리였던 것이다.

과거에 어떻게 쓰였고 어떤 의미를 가지고 있었든, 오늘날 정의를 '지배자의 논리'라고 생각하는 사람은 거의 없다. 사전을 찾아보면 정의는 '사람으로서 지켜야 할 마땅한 도리'라고 뜻풀이를 하고 있다. 그리고 사전적 의미를 떠나 사회 구성원 대부분은 정의에 함축된 수많은 행동윤리들을 선험적으로 알고 있다. 하지만 어떤 사람들에게는 정의에 관한 이 보편적 가치관이 통하지 않는다. 그들은 여전히 정의를 '지배자의 논리'로 받아들이고 있다. 그리고 이들에게 법은 '정의를 실현하는 수단'이 아니라, '지배자의 논리를 실현하는 수단'이 된다.

군사독재 시절, 무력과 공포로 국가를 장악한 지배자는 저항하고 반발하는 국민들을 보며 '나의 갸륵한 뜻을 왜 알아주지 않느냐'며 혀를 끌끌 찼을 것이다. 내란죄와 군사반란 등의 죄목으로 사형을 선고받았던 전두환 전 대통령의 뻔뻔함을 목격하면서 대부분의 국민은 분노를 금치 못했지만, 전두환 자신은 스스로를 시대를 잘못 타고난 불운한 영웅쯤으로 평가하고 있을지도 모른다. 왜냐하면 전두환에게 정의는 '지배자의 논리'이기 때문이다. 이처럼 이들 지배층의 가치관과 상식은 보편적인 대중지성의 반대편에 서 있다.

검찰과 경찰의 갈등을 보면서, 그리고 여러 공공기관들끼리 자기네의 논리를 내세우며 첨예하게 대립하는 것을 보면서 나는 그들 역시 이 '지배자의 논리'를 정의로 받아들이고 있는 것이 아닐까 하는 생각을 한다. 그들의 갈등과 대립에서 국민은 없다. 겉으로는 공익을 명분으로 내세우지만, 그것들 대부분은 미사여구와 수사법으로 가장한 자기 논리일 뿐이다. 속내를 들여다보면 죄다 사익을 추구하고 기득권을 놓치지 않겠다는 아집과 탐욕으로 가득 차 있다. 이들은 자신의 손에 들어온 것에 대해서는 무서울 정도의 집념을 보인다.

우리 사회를 구성하고 있는 각각의 조직과 집단들은 제각각 저마다의 '정의 논리'를 가지고 있어서 '합의된 정의'는 아예 실종된 것처럼 보인다. 공기업이 실적이 올랐고 최고의 영업이익을 달성했다고 떠들어대는 것이 과연 옳은 일일까? 공공사업을 추진하면서 이윤을 남겼다고 자랑하는 것이 옳은 일일까? 원래 공기업과 공공사업은 '손해 보는 장사'를 해야 하는 것이 아닐까? 공기업과 공공사업을 하면서 얻은 국가의 수입은 모두 국민의 주머니에서 나온 것이거나 노동자를 쥐어짜서 만들어진 것일 텐데, 그걸 어떻게 자랑이랍시고 떠벌릴 수 있을까? 보건복지부가 국민들의 건강을 위해 금연을 권장하는 취지로 담뱃값을 올리겠다는 방안을 발표하면, 세금 수입이 줄어들 것을 걱정하는 기획재정부는 이를 기를 쓰고 막는 것이 현실이다. 공공기관의 세력 다툼과 영역 싸움이 이 정도인데, 하물며 민간 거대조직과 집단들이야 말해 무엇할까.

진정 국민을 위한다는 대원칙은 사라지고, 집단의 사익을 추구하는 논리들이 공익의 탈을 쓰고 전염병처럼 번지고 있다. 이러한 이 전투구 속에서 법을 차지함으로써 권력을 독점하려는 세력들은 오늘도 이해타산이 맞아떨어지는 국회의원으로 하여금 엉터리 법안을 만들도록 부추기고, 부패한 일부 정치인과 검사, 재벌들은 여러 장의 카드 패를 쥔 채 거래를 한다.

'지난번에는 우리가 양보했으니, 이번에는 그쪽에서 한 수 접어주셔야죠.'

힘 있는 사람들 사이에서 법이 거래되고 있다. 그들은 엉터리로 만든 법을 유통시키고는 '법대로 하라'고 국민들을 옥죈다. 그리고 악법 피라미드의 꼭대기에 올라 앉아 고스란히 이익을 챙긴다. 이 부조리한 사회구조에서 '국가'는 도대체 무엇을 하고 있을까?

피해자 인권보다 가해자 인권을 우선하는 법률체계

'가해자는 변호사가 있는데 피해자에게는 왜 변호사가 없나요?'

이것은 한 공익광고의 문구다. 그런데 이 질문은 틀린 말일 수도 있다. 가해자이든 피해자이든 스스로 변호사를 선임하면 되기 때문이다. 아마도 위 카피에서 말하는 '변호사'는 국선 변호사를 가리킬 것이다. 가해자에게는 나라에서 국선 변호사를 지원하는데, 왜 오히려 해를 입은 피해자에게는 그런 지원정책이 없느냐는 뜻이 아닐까 생각한다. 사실 법제실에서 근무하던 시절에도 이와 관련한 내용의 법안이 수없이 많이 들어왔다. 자, 그럼 왜 피해자에게는 변호사가 없는지 한번 생각해보자.

「형사소송법」상 소송의 주체는 검사와 피고인이다. 형사소송 자체가 검사와, 범인인 가해자의 싸움이다. 피해자는 법정 싸움의 조연에 불과하다. 굳이 말하자면, 피해자의 변호인은 검사라고 할 수 있다. 피해자를 대변해서 검사가 가해자와 싸워주는 것이 재판의 구조이기 때문에 우리 법률에서는 피해자에게 국선변호인을 선임해주지 않는다.

단, 아동 성범죄가 발생했을 때는 이야기가 달라진다. 아동은 어른과 달리 자신의 생각을 제대로 전달하기 어렵고, 더군다나 사고의 충격으로 인해 의사 표현력이 현저히 떨어질 수 있으므로 이때 아동 피해자를 도와줄 변호인을 국가가 선임해줄 수 있다. 이것을 '법률조력인제도'라고 부른다. 2012년 3월 16일 시행된 이 제도는 성범죄에 희생된 아동, 청소년에 대해 수사에서 재판까지의 과정에 법률적인 도움을 주기 위해 검사가 국선변호인을 선임할 수 있도록 하고 있다.

아동·청소년 성보호에 관한 법률
제18조의6(피해아동·청소년 등에 대한 변호인 선임의 특례)
①아동·청소년 대상 성범죄의 피해자 및 그 법정대리인(이하 "피해아동·청소년 등"이라 한다)은 형사절차상 입을 수 있는 피해를 방어하고 법률적 조력을 보장하기 위하여 변호인을 선임할 수 있다.

법률조력인제도는 「형사소송법」상 모든 법률 지원구조가 성폭력 피해자보다는 가해자에 치중됨으로써 피해자가 소외된 점이 있다는 문제제기에 따라 등장하게 되었다. 이 제도의 등장은 그동안 우리의 법률체계가 피해자의 인권보다는 가해자의 인권을 우선시해왔다는 사실을 반증하는 것이기도 하다.

K씨는 만취한 상태에서 여관으로 유인되어 성폭행을 당했다. 그녀는 다음 날 경찰에 가서 자신이 성폭행을 당했다며 사건을 접수했다. 그로부터 며칠 뒤 경찰에게서 연락이 왔다. 술을 먹고 난동을 피우던 한 남성을 체포했는데 그에게서 K씨의 신분증이 나온 것이었다. 곧바로 경찰서로 향한 K씨는 경찰에 연행된 그 남자가 만취한 상태에서 보았던 남자임을 기억해내고는 곧바로 고소했다. 하지만 경찰은 오히려 "그러게 왜 그렇게 술을 많이 먹고 다니냐"며 K씨를 훈계했고, "다 지난 일 아니냐"며 대수롭지 않게 여겼다. K씨가 거세게 항의하자 그제야 경찰은 마지못한 듯 수사에 착수해보겠다고 답했다.

하지만 K씨는 그날 이후 큰 고통에 시달려야 했다. 가해 남성의 모친이 계속 전화를 걸어와 합의를 종용했다. 가해자 가족이 어떻게 자신의 개인 연락처를 알아냈는지 당황스럽지 않을 수 없었다. 어떻게 자신의 전화번호를 알았는지 따지자 가해 남성의 모친은 "경찰이 알려줬다"고 답했다. 결국 K씨는 더 이상 수사를 촉구하지 않았고 고소도 취하했다. 나중에 가해자에게 해코지를 당할지도 모른다는 생각에 몹시 두려웠기 때문이다.

누군가의 범죄로 인해 피해를 입은 사람들 중 경찰에 신고를 하

법의 유통 권력자들

국가는 범죄사건 피해자에 대해서 일상으로의 복귀보다는
통제와 관리 중심의 정책을 펼치고 있다.

는 비율이 얼마나 될까? 신고를 하지 않으면 범죄행위가 있었는지 조차 알 수 없으므로 그 비율을 정확하게 산출할 방법이 없다. 특히 강간, 강제추행, 모욕 등과 같은 친고죄는 피해자가 고소를 하지 않으면 죄를 물을 수 없기 때문에 우리 사회의 곳곳에서 숱한 범죄행위들이 그냥 묻히고 있을 것이다.

그런데 왜 범죄행위를 당하고도 어떤 피해자는 신고나 고소를 하지 않을까? 그것은 피해자를 보호하는 장치가 허술하다는 사실을 직감적으로 알고 있기 때문이다. 피해자가 고소를 하면 피해자의 정보가 너무 쉽게 노출되기 때문에 가해자들이 보복을 하거나 재판 과정에서 합의를 종용할 목적으로 피해자를 찾아오는 경우가 허다하다. 그렇지 않아도 심신이 지친 피해자는 이때 이중, 삼중의 고통을 겪는다. 국가가 피해자를 보호하기는커녕 오히려 2차적인 피해를 입는데도 그대로 방치하고 있다.

성범죄를 당한 피해 여성들이 국가에서 운영하는 '쉼터'로 피신했을 때도 제대로 된 보호를 받지 못한다. 단 하루를 있든 6개월을 있든 입소 기간에 관계없이 피해 여성들의 신상정보와 시설 이용 내력은 정부의 전산망에 고스란히 저장된다. 정부는 전산망에 등록하는 것이 피해 여성들을 체계적으로 보호하기 위한 절차이고 신상정보는 철저하게 관리가 되고 있다고 하지만, 때때로 정보가 외부로 유출되면서 세상에 드러내고 싶지 않았던 피해 사실이 알려지기도 한다. 게다가 국가에서는 사회복지시설의 운영 실태를 파악한다는 명목으로 시설을 이용한 사람들의 개인정보를 퇴소 이후 5년간 보관하도록 하고 있다. 이 역시 정보가 유출될 경우, 국가의 도움으로 어느 정도 심신의 건강을 회복한 이에게 더 큰 좌절감과 상처를 안길 수 있다.

「개인정보보호법」 제23조에는 개인의 건강, 성생활 등에 관한 정보와 정보 주체의 사생활을 현저히 침해할 우려가 있는 개인의 정보를 민간 정보로 분류하고 그 처리를 제한하고 있다. 그럼에도 국가는 이들의 신상정보를 전산시스템으로 구축하여 언제든 외부로 유출될 위험을 자초하고 있다. 이는 여성 폭력 피해자들의 안전과 인권 보장보다는 국가의 관리 필요성에 무게중심을 두는 관료주의 행정의 산물일 뿐이다.

여기서 한 발 더 나아가 국가는 정보 저장을 거부하는 민간 복지시설과 단체들에게 보조금과 지원금을 중단하겠다고 엄포를 놓기까지 했다. 국가의 지배력에 순종하지 않는 민간 복지시설들에 고압적인 자세를 취하던 정부 부처는 논란이 일자 중단했던 지원을 재개했다.

정부 공직자들이 도대체 무슨 생각으로 그런 정책과 입장을 고수하는지 도저히 내 머리로는 이해가 되지 않는다. 분명 범죄사건 피해자들을 위한 여성복지시설과 관련한 부처 공무원들의 존재 목적은 피해 여성들이 건강하게 사회에 복귀하도록 돕는 것일 텐데도 그들은 피해 여성들의 신상정보를 속속들이 파악하는 일에만 열중

하는 듯한 인상을 준다. 도무지 그 저의를 모르겠다.

　이처럼 법적인 보호 장치가 허술한데, 피해 여성들은 어디에 의지해야 할까? 모양새는 그럴싸하지만, 정작 정책의 수혜자들에게 수치심을 안기는 그런 정책은 없는 것보다 못할 것이다.

Chapter 4 법 앞에 만인은 평등한가?
'정의실현'이라는 거짓말

　때때로 나는 정부가 우리나라 공무원들을 지나치게 신뢰하고 있는 것이 아닌가 하는 생각을 한다. 그동안 국가가 어떤 정책을 펼치거나 혁신적인 제도를 마련하면 일부 공무원들은 그 빈틈을 파고들어 가 수혜를 누릴 수 있는 자리를 가장 먼저 선점하고는 했다. 이런 폐단이 반복되는데도 정부는 새로운 정책과 제도를 준비할 때 공무원의 비리를 근절할 수 있는 대책을 마련하는 데에는 소홀했다. 어떨 때는 일부러 제도적 장치를 느슨하게 해놓은 것이 아닐까 하는 의심마저 든다.

　앞서 일부 공무원들이 '유령 야근'을 하면서 초과 근무수당을 최대치까지 챙기는 관행에 대해서 지적했는데, 마음만 먹으면 적발해낼 수 있는 사안인데도 감사원이나 행정부처는 강력한 제재를 가하지 않고 있다. 단지 '권고'만 할 뿐이다. 공무원사회에서 분명 부당한 일들이 진행되고 있다는 사실을 알면서도 왜 정부는 눈감아주는 것일까?

공무원 채용과 관련한 비리도 어제오늘의 일이 아니건만, 정부는 민간인 특채비율을 높이고 채용 방식을 다양화하면서도 그 과정에서 발생하는 비리와 폐단에 대해서는 항상 먼산바라기를 해왔다.

2010년 8월, 정부는 2015년까지 5급 공무원의 민간인 특채비율을 50%까지 확대하겠다고 발표했다. 기존 27%이던 특채비율이 대폭 상향된 것이다. 5급은 행정고시에 합격한 사람들이 시작하는 공무원 직급으로, 고위공무원의 출발점이 된다. 이 발표가 나자, 오랫동안 행정고시와 공무원시험을 준비해온 고시생들은 좌절감이 컸다. 반면에 민간인 특채 자격에 해당되는 전문직 종사자들과 박사, 로스쿨 학생들은 쾌재를 불렀다.

정부가 5급 공무원의 민간인 특채비율을 높인 이유는 채용제도를 선진화하고 공직의 각 분야에 전문 인력을 수급하여 활용한다는 방안에 의한 것이었다. 하지만 정부의 이 계획을 비판하는 여론도 강했다. 결국 배경 좋은 사람들만 공직에 발탁되어 사회적으로 위화감을 조성하고, 고위공직자들이 '벼슬'을 자식에게 세습하는 '현대판 음서제도'로 변질될 수 있다는 것이 비판의 골자였다. 실제로 정부의 이 발표가 나자마자, 당시 유명환 외교통상부 장관의 딸이 외교통상부 특채에서 특혜를 받았다는 의혹이 제기되었다.

물론 외교통상부가 특채를 하면서 현직 장관의 딸에 대해서도 엄정한 심사기준과 공정한 잣대를 적용했다면 이야기는 달라졌을 것이다. 하지만 1차 서류전형에서 제출한 외국어 시험증명서의 유효기간이 지나 탈락했음에도 외교통상부는 재공고를 내어 장관의 딸에게 자격 요건을 갖출 시간을 벌어주었고, 결국 합격시켰다. 유 장관이나 그의 딸이 조금만 현명했더라면, 딸을 특채에 지원하도록 하지 않았을 것이고 딸 역시 특채에 지원하지 않았을 것이다.

법과 제도의 최대 수혜자들

서울의 모 구청에서 기능직 10급 공무원을 채용한다는 공고를 냈다. 4명을 선발하는데 160여 명의 지원자가 몰려 40대 1이라는 높은 경쟁률을 보였다. 그런데 필기시험 없이 서류전형과 면접을 거쳐 합격한 4명 가운데 3명이 구청 간부의 친인척으로 드러났다. 구청은 우연의 일치일 뿐이라고 해명했지만, 단언하건대 구청 측의 말을 믿는 사람은 단 한 명도 없을 것이다.

원래 공무원의 채용은 공개경쟁채용시험에 의해 선발하는 것을 원칙으로 한다. 하지만 이 방법을 통해서는 공직에 다양한 분야의 인재들을 수용할 수 없어 특채라는 특별 규정을 마련했다. 이 특별

규정에 의하면, 국가기관의 장(長)은 장애인, 이공계 전공자, 저소득층 등에 대해서 채용에 관한 우대정책을 실시할 수 있고, 국가가 필요로 하는 능력을 가진 사람을 뽑고자 할 때는 다수인을 대상으로 '경력경쟁채용시험'이라는 선발과정을 거쳐 채용할 수 있으며, 또 특별한 경우에는 이 경력경쟁채용시험을 통하지 않고도 인재를 선발할 수 있도록 하고 있다. 2010년, 정부가 5급 공무원의 민간인 특채 비율을 50%까지 높이겠다고 발표한 것은 공무원 채용에 관한 원칙과 별칙의 비중을 50 대 50으로 하겠다는 파격적인 정책이었다. 하지만 결국 이 정책은 외교통상부 장관의 딸에 대한 특혜의혹 시비가 불거지면서 난항에 부딪혔고, 그로부터 한 달도 지나지 않아 특채비율 확대 방안은 전면 백지화되었다. 하지만 최근 10년간 공직에 민간인을 특채한 비율이 37.4% 직급을 초월하여 공무원에 민간인을 특채한 비율이다인 상황에서 얼마나 많은 인사 비리가 있었는지 모를 일이다.

> **국가공무원법**
> 제28조(신규채용)
> ①공무원은 공개경쟁채용시험으로 채용한다.
> ②제1항에도 불구하고 다음 각 호의 어느 하나에 해당하는 경우에는 경력 등 응시요건을 정하여 같은 사유에 해당하는 다수인을 대상으로 경쟁의 방법으로 채용하는 시험(이하 "경력경쟁채용시험"이라 한다)으로 공무원을 채용할 수 있다. 다만, 제1호, 제3호, 제4호, 제5호, 제7호, 제11호의 어느 하나에 해당하는 경우 중 다수인을 대상으로 시험을 실시하는 것이 적당하지 아니하여 국회규칙, 대법원규칙, 헌법재판소규칙, 중앙선거관리위원회규칙 또는 대통령령으로 정하는 경우에는 다수인을 대상으로 하지 아니한 시험으로 공무원을 채용할 수 있다.

지방의 우수인재를 확보한다는 취지에서 도입된 '공무원 특별채용 장학금제도' 역시 도마 위에 올라 있다. 공무원 특별채용 장학금제도는 고등학교나 대학교에 재학 중인 학생을 선발하여 장학금을 지급하고 해당 학생이 졸업하면 공무원으로 특채하는 제도다. 이 제도는 원래 1979년에 공직사회에 우수한 인재를 유치하겠다는 취지로 만들어졌다. 하지만 사회적으로 공무원을 희망하는 사람들이 늘어나고 경쟁률이 높아지면서 공개경쟁채용시험을 통해서도 우수한 인재를 선발할 수 있게 된 오늘날에는 불필요한 제도라는 지적이 있었다. 그래서 국가권익위원회는 당초의 입법 취지를 살리지 못하는 해당 제도를 폐지하자는 개선안을 행정안전부에 권고했다.

하지만 공무원 특별채용 장학금제도는 아직도 몇몇 지방자치단체가 채용 수단으로 활용하면서 인사 비리의 원인이 되고 있다. 경상북도 예천군에서는 12년 동안 재직했던 군수가 이 제도의 허점을 이용하여 지역 유지의 자녀들을 특별채용 한 혐의로 기소되었고, 2010년 충청남도의 일부 시군 단체장이 인사청탁과 관련하여 특혜를 남발했다는 의혹이 제기되어 물의를 빚었다. 이외에도 장학제도를 공무원 채용 수단으로 활용하고 있는 27개 지자체에서는 아직도 투명하지 않은 특별채용으로 인해 시비가 끊이지 않고 있다.

정부는 2012년부터 특성화고등학교_{특정 분야의 인재와 전문 직업인을 양성하기 위해 세운 학교}와 마이스터고등학교_{이공계와 해양, 조선 분야의 전문 인력을 육성하기 위해 만들어진 고등학교}를 비롯한 실업계 고등학교 졸업자를 지방공무원으로 특별채용 하는 방안을 마련했다. 정부는 이런 방안을 마련한 이유를, 취업에 어려움을 겪는 고졸자들에게 공직 진출의 길을 넓히기 위한 것이라고 설명했다. 그리고 월급도 공채를 통해 임용된 것과 똑같이 9급 1호봉을 적용한다고 밝혔다.

하지만 정부의 이 정책은 공무원시험을 준비하고 있는 수험생들에게는 청천벽력 같은 소식이다. 공채 인원이 줄어들어 경쟁률이 더 높아지게 되었기 때문이다. 게다가 고졸자 특별채용 공무원에게 9급 1호봉을 적용하는 것 역시 공무원 조직 내부의 갈등을 유발할 위험성을 내포하고 있다. 3~4년 공무원시험을 준비한 수험생들과 대학 졸업자들은 대개 서른 살을 전후해서 공직에 진출하는데, 이러한 현실을 감안하지 않고 고졸자 특채 공무원에게 같은 호봉을 적용하는 것은 늦은 나이에 공직에 진출한 이들에게 상대적 박탈감을 줄 수 있기 때문이다.

그리고 한 지방자치단체가 기능직 공무원으로 특별채용 한 인원의 절반가량이 간부 공무원의 친인척이라는 사실이 드러나면서 이 고졸자 특별채용제도 역시 인사 비리로 얼룩지고 있다.

어떤 법을 만들거나 규정을 신설하는 목적은 공공의 이익을 위하는 것이어야 한다. 이 원칙은 결코 폐기되거나 수정될 수 없는 신성불가침의 영역이다. 사실 공무원 특별채용 장학금제도나 민간인 특채비율을 확대하는 방안 등도 보다 질 높은 공공서비스를 제공하자는 좋은 취지에서 만들어졌을 것이다. 하지만 좋은 취지만으로 법이나 규정을 만들어서는 안 된다. 법을 만들었을 때 그 법이 악용될 소지가 없는지, 또 피해를 당하는 사람이 없는지에 대해서 충분히 검증해야 한다. 이 일은 법을 만드는 소수의 아이디어나 기획력으로 해소할 수 없는 문제다. 그래서 여론을 수렴하는 과정을 거쳐야 하고 여러 전문가의 의견을 취합하는 공청회를 열어야 하는 것이다. 이와 같이 신중하고도 치밀한 검증 과정을 무시한 채 졸속으로 법안을 신설하거나 선심성 행정을 남발하면 법과 규정의 빈틈을 악용하는 사람이 나타나기 마련이고, 그만큼 국민들은 기회를 박탈당하게 된다. 그리고 특별채용의 임용권자가 선출직인 경우에는 이 제도를 정치적으로 이용하여 자기네 사람들로 공직을 채울 가능성이 크다.

고려시대에는 상피제相避制라는 것이 있었다. '서로 피한다'는 뜻의 이 제도는 친인척 관계에 있는 사람이 같은 관청에서 근무하지 못하도록 한 제도였다. 같은 관청뿐만 아니라 상하 관계에 있는 관청이나 소관 업무가 유사한 관청에서도 친인척은 함께 근무하지 못하도록 했다. 이 제도는 권력이 집중되고 전횡되는 것을 막기 위한 것이었다. 물론 이 제도를 현대에 도입한다는 것은 말이 안 된다. 공무원을 배출한 집안 사람들의 공직 진출 기회를 제한하는 차별을 낳기 때문이다. 하지만 최근에 불거지고 있는 공무원 채용 인사 비리를 목격하면서, 오늘날 법과 제도를 만드는 사람들의 정신이 고려시대 때보다 오히려 퇴보했다는 인상을 받는 것은 참으로 씁쓸한 일이다.

감사원은 공무원 인사에 관한 자료 수집 등의 준비 과정을 거쳐 전면적인 감사에 착수하겠다고 밝혔다. 그 결과가 어떻게 나올지는 아직 아무도 모른다. 공직사회에 인사 비리가 만연해 있다는 것은 이미 공공연한 사실이었다. 그런데도 왜 감사원은 그동안 뒷짐 지고 구경만 하고 있었는지 이해하기 힘들다.

금융범죄에 면역이 되어버린 사법부

2012년 8월, 3,000억 원대의 돈을 횡령한 혐의로 기소된 김승연 한화그룹 회장에게 재판부는 1심에서 징역 4년을 선고했다. 그보다 앞서 1,400억 원대를 횡령한 혐의로 기소되었던 이호진 태광그룹 전 회장에게도 1심에서 징역 4년 6개월이 선고되었다. 이 두 사건에 대한 재판부의 판결은 대단히 이례적인 것이었다. 그동안 재판부는 재벌 총수들에게 무척 관대했기 때문이다.

이건희 삼성그룹 회장, 정몽구 현대·기아차 회장, 최태원 SK그룹 회장, 박용성 두산그룹 회장, 조양호 한진그룹 회장 등 적게는 200억 원대에서 많게는 1조 5,000억 원대에 이르는 횡령, 배임, 조세 포탈, 분식회계 등의 범죄에 재판부는 하나같이 '징역 3년, 집행유예 5년'을 선고했다가 결국에는 특별사면 조치를 했다. '재벌 총수 범죄=징역 3년, 집행유예 5년→특별사면'은 관행처럼 이어져온 일종의 공식이었다.

집행유예란, 유죄에 대해서 형을 선고하면서 형을 당장 집행하지 않고 일정 기간 동안 형 집행을 미루어주는 제도다. 우리나라 법에는 집행유예의 요건을 '3년 이하의 징역형 또는 금고형'에 대해서

'정상에 참작할 만한 사유가 있는 때에는 1년 이상 5년 이하의 기간 형의 집행을 유예할 수 있다'고 명시되어 있다. 따라서 재판부가 재벌 총수들이 횡령, 배임 등의 범죄를 저질렀을 때에 하나같이 징역 3년형을 선고한 것은 이미 집행유예를 적용할 수 있는 구실과 탈출구를 만든 것이라 할 수 있다. 재벌 총수들에게 이처럼 관대한 '솜방망이 처벌'을 내릴 때마다 재판부는 '경영 공백이 우려'되고 '경제 발전에 기여한' 점을 인정한다는 정상참작 사유를 들었다.

우리나라의 사법부는 전통적으로 금융범죄에 대해서 유난히 관대한 처벌을 내리는 것으로 일관해왔다. 편의점에서 물건 하나를 훔쳐도 수개월 징역형을 선고하면서 금융범죄에 대해서는 소속 회사와 금융당국에 처분을 맡기는 정도로 처벌을 하고 있다. 금융범죄에는 처벌이 약하다는 인식이 팽배한 탓인지 2012년 들어 발생한 금융범죄의 건수가 2011년에 비해 2배 이상 늘어났다. 실제로 금융권에서는 '처벌로 인한 불이익보다 법을 위반해서 챙기는 이익이 훨씬 크다'는 인식이 만연해 있다고 한다.

금융범죄는 우발적 범죄가 아니라 사전에 치밀하게 계획된 범죄라는 측면에서 죄질이 아주 나쁘다. 국민관광상품권 판매를 대행하

징역
일정 기간 동안 교도소 내에 구치된 상태에서 강제로 작업의 의무를 지는 형벌이다. 주로 강도, 강간, 절도, 사기 등의 파렴치범에게 과해진다. 예전에는 징역형의 작업이 징벌 성격이 강했지만, 오늘날에는 직능교육 등의 교육 성격을 띠고 있다.

금고
강제노동을 부과하지 않고 수형자를 교도소 내에 구금하는 형벌. 금고형은 대개 정치범과 비파렴치범, 과실범 등에 과해진다.

구류
1일 이상 30일 미만 동안 교도소 또는 경찰서 유치장에 구금되는 형벌이다. 신체의 자유를 빼앗는 자유형 중에 가장 가벼운 형벌이다.

고 있는 모 은행의 직원은 2008년 6월부터 3년 동안 서류를 허위로 조작하여 빼돌린 상품권을 상품권 판매상에 넘기는 수법으로 174억 원을 횡령했다. 그리고 모 저축은행의 한 직원은 고객의 예금을 멋대로 해지해서 횡령하는 '돌려막기' 수법으로 145억 원을 몰래 써오다가 적발되었다. 또 금리를 내리지 않거나 가산금리를 적용해서 불법적으로 수천억 원을 챙긴 금융기관이 감사에 걸리기도 했다. 이러한 금융범죄의 피해는 고스란히 국민의 몫으로 돌아온다. 그런데도 2012년 들어 8월 10일 현재까지 각종 비리와 범죄로 적발되어 징계받은 금융권 인사 352명 대부분이 경고, 감봉 처분을 받았을 뿐이다. 그나마 최고 수위의 처벌이라 할 수 있는 면직 처분을 받은 사람은 6명뿐이었다.

 권력형 비리 사건이 터졌을 때도 마찬가지다. 사법부는 일반 범죄보다 훨씬 가벼운 형량을 매기거나 범죄자에게 아량을 베푸는 등 관대한 모습을 보였다. 사법부가 이처럼 재벌과 권력자들에게 관대한 것이, 대형 로펌에서 엄청난 보수를 받고 있는 전직 대법관, 판·검사들과 무관해 보이지 않는 것은 나만의 지나친 생각일까? 그리고 사법부가 금융범죄에 관대한 처벌을 내리는 것은 수천억 원대에 달하는 재벌 그룹 총수들의 범법행위에 솜방망이 처벌로 일관하다 보니 웬만한 금융범죄는 죄 축에도 끼지 않는다는 내성이 생겼기 때문은 아닐까? 웃자고 하는 이야기가 아니라, 정말 진지하게 던지는 질문이다.

대부분의 국가에서 법원 건물은 화려하고 웅장하다.
왼쪽부터 캐나다 위니펙, 벨기에 브뤼셀, 영국 런던, 미국 뉴욕의 법원이다.

'모든 국민은 법 앞에 평등하다.'

현실 속에서 이 말은 공허한 메아리일 뿐이다. 재벌 총수와 거물 정치인이 자신과 똑같이 법의 적용을 받는다고 느끼는 국민은 많지 않을 것이다. 재벌 총수가 검찰의 조사를 받고, 비리를 저지른 정치인이 법정에 설 때마다 언론은 대서특필하며 떠들어대지만 이 일들은 항상 똑같은 결말로 귀결된다. 마치 끊임없이 같은 장면이 되풀이되는 드라마의 재방송을 보는 듯한 느낌이다.

김승연 한화그룹 회장에게 이례적으로 집행유예 요건이 안 되는 4년 징역형을 선고한 사법부는 스스로 "그동안 우리 법원이 재벌이나 기업범죄의 양형 등에서 관대하게 처벌한 것은 부인할 수 없는 사실"이라고 인정했다. 그리고 "이제는 법원이 일반 국민들 입장에 서서 양형에 있어 선제적·선도적 역할을 해줘야 한다"고 말해 앞으로 재벌 총수와 기업 비리에 무거운 처벌을 내릴 가능성이 높다고 시사했다. 하지만 대한상공회의소를 비롯한 대표적인 경제인단체의 리더들은 사법부의 의지가 못마땅한 모양이다. 모 인사는 김승연 회장에게 내려진 이례적인 판결에 대해 "최근 기업인들의 사법처리를 강화하는 것에 대해 안타깝게 생각한다"는 견해를 밝혔다. 또 그는 "기업인들도 투명경영과 사회적 책임을 다해야 하겠지만 대기업의 공과에 대해서는 균형 있는 시각을 견지할 필요가 있다"고 덧붙였다. 이 사람이 말하는 '균형 있는 시각'이라는 게 무엇인지 나는 도무지 모르겠다. 그다지 좋지 않은 내 머리로 이 말을 억지로 해석해보면, 대기업이 국가경제에 힘을 보태는 만큼 웬만한 잘못은 눈감아주는 아량이 필요하다는 말로 들린다.

그동안 우리나라 국민은 경제 발전이라는 미명 아래에 행해진 숱한 박해를 참을 만큼 참고 살았다. 우리 어르신들은 독재치하에 있었으면서도 그나마 밥이라도 먹고 살게 된 것에 감사해하고 있고, 국가부도사태가 터졌을 때는 국민 대다수가 팔 걷어붙이고 나서서 '신 국채보상운동'을 펼쳤다. 하지만 대한민국 정부가 수립된 이후 단 한 번이라도 경제 위기가 아니었던 적이 있었던가. 기득권층은 끊임없이 '경제'를 들먹이면서 국민의 희생을 요구한다. 나라에 닥친 경제 위기의 책임이 기업의 자본을 사사로이 빼돌린 기업인 자신들에게 있을 수 있다는 사실에 대해서는 왜 생각하지 않는 것일까?

법이여, 강자에게 더욱 엄격하라: 일수벌금제

'맷값 폭행' 사건을 기억하는 독자들이 있을 것이다.

폭행을 당한 화물차 운전기사 유 씨는 몸담고 있던 회사가 모 그룹 회장의 친인척이 대표로 있는 물류·유통회사에 합병되는 과정에서 '화물연대에서 탈퇴하고 이후에도 가입해서는 안 된다'는 사측의 요구를 거부했다는 이유로 해고된 뒤 1인 시위를 벌여왔다. 평소 유 씨를 아니꼽게 여긴 새 회사의 대표는 "한 대에 100만 원"이라며

갈수록 부의 불균등이 심화되고 있다.
사진은 일자리를 구하는 캐나다 젊은이의 모습

유 씨를 야구 방망이로 10여 차례 내리쳤다. 그러고 나서 "이제부터는 한 대에 300만 원"이라고 맷값을 올린 뒤에 추가로 2대 더 때리고 몸을 일으킨 유 씨의 얼굴을 주먹으로 가격했다. 폭행 후에 회사 대표는 유 씨에게 맷값으로 2,000만 원을 주었다.

이 사건은 수많은 국민의 공분을 샀지만, 사법부는 폭행 가해 당사자에게 1심에서 1년 6개월의 징역을 선고한 뒤에 2심에서 집행유예를 적용하여 석방했다. 사법부는 정상참작 사유로 "가해자가 유 씨와 합의했고 사회적으로 큰 지탄을 받은 점"을 들었다. 사법부가 제시한 정상참작 사유를 좀 비꼬아서 표현하면 이렇게 된다. '많이 묵었다 아이가.'

이 사건으로 인해 돈이면 다 된다는 식의 금전만능주의와 도덕 불감증에 빠진 일부 재벌 2세들의 행태와, '유전무죄'가 세상을 움직이는 하나의 원리임을 스스로 증명해 보인 사법부의 판결에 대해 비판 여론이 들끓었다. 그런데 나는 이 사건을 둘러싼 일련의 과정을 목격하면서 각자가 처한 환경에 따라 사람마다 돈의 가치를 다 다르게 느낀다면, 벌금 역시 범법자의 경제력에 따라 차등해서 적용해야 하는 것 아닐까, 하는 생각을 했다.

어떤 사람에게는 10만 원이 '껌값'이지만, 어떤 사람에게는 가족을 일주일 동안 먹여 살리는 생계의 전부가 될 수 있다. 때문에 동일한 법을 위반하여 같은 벌금형을 받는다고 할 때 경제적으로 어려운 사람에게는 치명적인 처벌이 될 수 있고, 경제적으로 부유한 사람에게는 처벌 수준도 안 될 수 있다.

우리나라 법은 누구에게나 공평하게 벌금을 매기는 것으로 규정하고 있다. 재벌 총수가 과속을 하다가 걸려도 6~7만 원의 벌금을 내고, 생계가 어려운 사람이 과속을 하다가 걸려도 같은 벌금을 낸다. 법 앞에 만인이 평등하니 처벌도 평등해야 한다는 것이 일반적인 생각일 것이다. 하지만 일부 선진국에서는 이 벌금형을 경제 여건에 따라 차등 적용하고 있다.

밤늦은 시각, 자유로나 올림픽대로를 달리다 보면 굉음을 내며 빠른 속도로 질주하는 외제 승용차들을 심심찮게 발견하게 된다. 내가 운전하고 있는 차의 속도를 감안했을 때, 과속 차량의 속도는 170킬로미터 정도는 거뜬히 돌파한 것으로 보인다. 뉴스로 보도되어 알려진 사실인데, 그 과속 차량 중 일부는 도심 속 레이스를 펼치고 있다. 성능 좋은 차를 가진 사람들끼리 모여 1인당 수백만 원씩 내깃돈을 건다. 일정한 장소에서 각자 출발하여 가장 빨리 골인 지점을 통과한 차량의 차주가 내깃돈을 다 챙긴다. 돈보다는 자존심이 걸린 문제다. 과속을 하면서 감시 카메라에 걸려 벌금 내는 것쯤은 얼마든지 감수한다. 까짓 많아봐야 십수만 원 정도의 벌금은 취미생활을 즐기는 대가로 충분히 지불할 용의가 있다. 이처럼 많이 가진 자에게 벌금형은 처벌 축에도 들지 않는 것이다.

일수벌금제라는 벌금제도가 있다. 범행의 가볍고 무거움에 따라 일수日數를 정하고, 피고인의 수입과 재산, 생활비 규모, 가족 등 부양의무, 최저생계비 등의 경제력 정도에 따라 각기 다르게 일정한 금액을 산출한다. 이렇게 나온 일수와 일정액을 곱해서 최종 벌금액을 산정하는 것이다. 현재 우리나라는 빈부격차를 고려하지 않고 동일한 범죄에 동일한 액수의 벌금을 부과하는 총액벌금제를 채택하고 있는데, 총액벌금제는 부유층에게는 형벌 효과가 미미한 반면 저소득층에게는 가혹하다는 지적이 오래전부터 제기되었다. 일수벌금제를 적용하면 재산이 각각 1,000만 원인 사람과 100만 원인 사람이 동일한 범법행위를 했을 때 각각 100만 원과 10만 원의 벌금을 부과하는 형태를 취하게 된다.

1921년, 핀란드에서 가장 먼저 일수벌금제를 시행했고, 지금은 유럽의 거의 모든 국가가 일수벌금제를 채택하고 있다. 영국의 경우에는 1992년 이 제도를 시범적으로 실시했지만 보수층의 반발로 중단되었고, 미국에서는 일부 주(州)에서 시행하고 있다.

일수벌금제를 시행하는 나라의 경우를 살펴보면, 총액벌금제에 익숙한 우리로서는 충격적인 사례가 많다. 핀란드의 대표적인 기업인 노키아의 부사장이 오토바이 과속으로 적발되어 낸 벌금이 무려 11만 6,000유로, 우리 돈으로 1억 7,400만 원이다. 한 식품회사의 상속인은 비슷한 일로 적발되어 21만 6,000달러(2억 4,000만 원)를 벌금으로 냈다. 그리고 핀란드에서는 음주운전을 하다가 적발되면 무조건 한 달 소득을 벌금으로 내야 한다.

1992년에 우리나라에서도 일수벌금제도를 도입하자는 의견이 개

진된 이후 여러 차례 논의가 되었고, 2009년에는 '일수벌금제도의 도입에 관한 특별법안'이 발의되었다. 이 법안에 의하면 피고인의 위법 정도에 따라 1일 이상 365일 이하의 벌금 일수를 정하고, 피고인의 재산 상태에 따라 1만 원 이상 1천만 원 이하의 1일 벌금액을 정하도록 하고 있다. 이 법안에 의하면 동일한 범죄에 대해서도 경제력 정도에 따라 벌금이 많게는 1,000배까지 차이가 날 수 있는 것이다.

하지만 개인의 소득을 명확하게 파악할 수 없는 상황에서 섣불리 이 제도를 도입하면 결국 봉급생활자들이 가장 큰 피해를 볼 수 있다는 폐해 때문에 법무부와 정책 결정권자들 사이에서 아직은 시기상조라는 의견이 지배적이다. 하지만 일수벌금제에 대한 사회적 합의가 어느 정도 무르익은 만큼 오래지 않아 우리나라도 이 제도를 채택할 가능성이 높다.

맷값으로 2,000만 원의 대가를 준 재벌 2세에게 1년 6개월의 징역형을 선고했다가 집행유예로 석방하는 대신에 벌금을 36억 5,000만 원 1,000만 원×365일 정도 매긴다면, 돈의 힘을 믿고 법질서를 어지럽히고 안하무인격으로 행동하는 못된 버릇을 어느 정도는 고칠 수 있을지도 모른다.

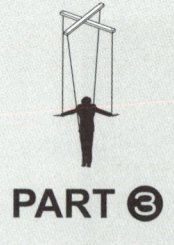

PART ❸

법에 무관심할 때 일어나는 비극

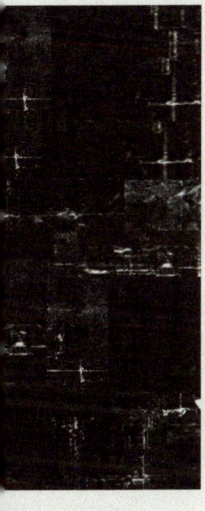

Chapter 1_
대중 정서와 포퓰리즘 악법

Chapter 2_
법으로 모든 것을 통제할 수 있다는 오만

Chapter 3_
불행한 대한민국의 법을 생각하다

Chapter 4_
법치국가에서는 악법도 법이 된다

범죄국가에서는 악법도 법이 된다.

Chapter 1 대중 정서와 포퓰리즘 악법
인기 법률과 정책 뒤의 함정

널리 알려진 유명한 일화에서부터 이야기를 시작할까 한다.

1630년대 네덜란드에서 일어난 일이다. 한 영국인 선원이 네덜란드 상인의 집에 초대를 받았다. 이 영국인 선원은 식물학에 관심이 많았기 때문에 네덜란드 상인의 집에 도착했을 때 제일 먼저 들른 곳이 온실이었다. 혼자서 온실을 구경하던 영국인 선원은 화단에서 자라고 있는 낯선 식물을 발견했다. 식물에 조예가 깊은 그의 눈에 그것은 양파의 일종으로 보였다. 탐구심이 깊었던 그는 그 '특이한 양파'를 뿌리째 뽑아서는 주머니에 있던 나이프로 껍질을 잘라냈다. 껍질을 잘라내어 크기가 절반으로 줄어들자, 다시 이등분했다.

온실로 들어선 네덜란드 상인이 그 모습을 보고는 기겁했다.

"무슨 짓을 하고 있는 거요?"

"아주 특이한 양파가 있기에 껍질을 벗겨보고 있습니다."

"그건 어드미럴 반 데어 아이크 Admiral Van der Eyck란 말이오!"

"당신 나라에선 이 품종의 양파를 즐겨 먹나보죠?"

네덜란드 상인은 다짜고짜 영국인 선원의 먹살을 잡아서는 거리로 끌고 나갔다.

영국인 선원은 법정에 섰다. 그때까지도 그는 무슨 영문인지 알지 못했다. 재판관은 영국인 선원에게 벌금형을 선고했다.

"피고는 원고에게 4,000플로린을 물어주어야 한다. 빚을 갚을 때까지 감옥에서 지낼 것!"

4,000플로린! 영국인 선원의 얼굴이 하얘졌다. 플로린 Florin은 유럽에서 통용되던 화폐의 명칭이다. 당시 튼튼한 황소 4마리의 값이 480플로린이었다고 하니, 4,000플로린이 얼마나 큰돈인 줄 알 수 있을 것이다. 그럼 영국인 선원이 실험 재료로 썼던 그 식물의 정체는 무엇이었을까? 바로 튤립이었다.

대중이 항상 옳은 것은 아니다

1630년대 중반, 유럽은 튤립 투기 열풍에 휩싸였다. 터키에서 건너온 튤립을 향한 유럽인의 근거 없는 찬양이 더해지더니, 급기야

대중 정서와 포퓰리즘 악법

17세기, 네덜란드의 비이성적인 집단 투기의 대상이 되었던 튤립

법에 무관심할 때 일어나는 비극

18세기에 영국에서 투기를 불러일으켰던 남해회사 사건 당시의 풍속화

대중 정서와 포퓰리즘 악법

네덜란드에서는 튤립을 재배하는 사업 이외의 거의 모든 산업이 멈출 정도로 튤립 투기가 극성을 부렸다. 나중에는 튤립의 가치가 너무 올라서 곡식 한 알갱이보다 가벼운 중량을 재는 단위인 페릿perit으로 거래를 할 정도였다. 무엇이 네덜란드 사람들로 하여금 그다지 예쁘지도 않고 향기도 없는 꽃에 매달리게 했을까? 그것은 집단광기였다. 사물이 지니는 실질가치가 아니라, 세속에서 형성된 이상가치에 중독되었던 것이다. 오래지 않아 튤립 투기에 마침표가 찍혔을 때는 큰 이득을 본 소수와, 패가망신한 대다수로 사회 계층이 이분되었다.

인류의 역사를 살펴보면 대중과 군중이 비이성적인 집단적 광기에 사로잡힌 순간을 심심찮게 발견할 수 있다. 프랑스의 미시시피 계획, 영국의 남해회사 사건 같은 일들에서는 일확천금이라는 허망한 꿈을 좇는 대중의 집단광기를 엿볼 수 있다. 마녀사냥, 미국의 매카시즘 등의 사례는 이데올로기가 대중을 얼마나 어리석게 만들 수 있는지 보여준다.

> **남해회사 사건**
> 18세기에 영국을 휩쓸었던 투기 열풍이다. 남아메리카의 금광 개발계획에 따라 대중이 남해회사라는 회사의 주식을 사들이기 시작했다. 이후 '금'이라는 실체가 없음에도 금을 개발한다는 '계획'만으로도 주식 투기가 일어났다.

1995년부터 이후 수년간 우리나라에서 진행된 IT 버블 닷컴버블 역시 집단이성과 대중지성이 손쉽게 오류를 일으킬 수 있음을 보여주고 있다.

2005년, 당시 우리나라에서는 케케묵은 사회갈등 요인인 '병역' 문제가 다시금 힘을 발휘하고 있었다. 정치인들 사이에 공직자의 도덕성을 놓고 공방이 벌어지면서 부각된 병역 문제가 때마침 국회에 발의된 법률 개정안과 맞물리면서 대중여론을 일시에 사로잡았던 것이다.

2005년 6월 29일, 국회에서는 한나라당 현 새누리당의 모 의원이 발의하여 본회의에 회부된 법률 개정안을 놓고 투표가 진행되었다. 이 법률 개정안에 국민들의 관심이 집중된 이유는 이 법률 개정안이 특권만 누리고 의무는 행하지 않는 일부 부유층에게 제재를 가하는 내용을 담고 있었기 때문이다. 그 내용은 이랬다.

> 병역 기피를 목적으로 국적을 포기한 사람에 대해서는 재외동포로서의 혜택을 박탈한다.

이 법률 개정안이 발의되기 얼마 전이었던 2005년 5월 4일, 국회에서는 같은 국회의원이 발의한 「국적법」 개정안이 통과되었는데, 이 개정안은 기존의 「국적법」 조항인 '복수 국적자라도 병역의무 대상자만 18세 이상는 군복무를 필하기 전까지는 국적을 이탈할 수 없다'는 내용을 확대하여 '병역의무를 필하지 않으면 한국 국적을 포기할 수 없다'라고 규정하고 있었다. 부가설명을 하자면 '한국 국적을 포기하려거든 일단 군대는 갔다 온 뒤에 포기하라'는 뜻으로, 의무를 먼저 이행하고 나서 그 다음에 권리를 행사하라는 내용을 담고 있다. 이 개정안이 발표되면 그동안 군대에 가지 않기 위해 만

18세가 되기 전에 한국 국적을 포기하던 복수 국적자들의 병역의무 회피 행위가 원천봉쇄되는 것이었다.

「국적법」 개정안이 통과되자, 효력이 발생하기 전에 한국 국적을 포기하려는 사람들로 출입국관리사무소는 북새통을 이루었고, 복수 국적을 가진 사람들 중 1,800여 명이 '군대에 가느니' 또는 '아들을 군대에 보내느니' 차라리 한국인이 되는 것을 포기하겠다는 '합법적' 선택을 했다. 이처럼 국적 이탈자가 쇄도하자 법무부는 6월 초에 시행하기로 했던 계획을 앞당겨 5월 24일부터 새로운 「국적법」의 효력을 발생시켰다.

지금도 그렇지만, 당시 우리나라에서는 부유층의 해외 원정출산이 사회문제로 부각되어 있었다. 속지주의屬地主義를 택한 미국 등의 선진국으로 가서 아이를 낳으면 자녀에게 시민권이 주어지기 때문에 조기유학 등을 염두에 둔 부유층 부모들의 원정출산 러시가 이어지고 있었던 것이다. 2002년 《LA 타임스》는 매년 미국에서 태어나는 한국 아이가 5,000명에 이른다고 발표했다. 이 수치는 1년 전체 한국인 신생아 수의 1%에 해당하는 것으로, 이 수치를 곧이곧대로 적용하면 한국의 상위 1% 가정의 자녀들은 미국에서 태어난다고도 볼 수 있다. 문제는 복수 국적을 가진 아이들이 한국에서 자라며 여러 가지 복지 혜택을 누리다가 군대에 가야 하는 시점이 되면 한국 국적을 포기하고 외국인으로 둔갑한다는 데에 있었다. 이 숫자는 한 해 약 5,000명으로, 《LA 타임스》가 발표한 미국에서 태어나는 한국인 아이의 숫자와 거의 일치했다. 이처럼 권리만 누리고 의무는 지지 않으려는 특권층에 제재를 가하기 위해 「국적법」 개정안이 발의되었고 국회는 여야를 막론하고 두터운 지지를 보내며 가결시켰다.

그로부터 약 한 달이 지났을 무렵 「국적법」 개정안을 발의했던 의원이 또 다시 '칼'을 빼들었다. 앞서 밝힌 대로, 이번에는 병역 기피를 목적으로 한국 국적을 포기한 사람들에 대해서 재외동포에게 주어지는 혜택을 박탈한다는 내용의 법률 개정안을 발의한 것이었다. 이 법이 국회를 통과해서 효력이 발생되면, 앞서 개정된 「국적법」을 피하기 위해 한국 국적을 포기했던 사람들은 한국에서 경제활동과 건강보험 혜택이 극도로 제한되어 사실상 한국에서 살아가기가 어려워지게 되는 것이었다.

대중의 정서에 편승하는 포퓰리즘 법안

또 다시 찬반 여론이 들끓었다. 여론조사 결과, 병역을 회피한 특권층에게 심판을 가할 수 있는 법이라며 찬성하는 국민이 87%에 달했다. 나머지 13%는 중도와 반대가 50 대 50의 비율을 보였다.

자, 여러분은 이 법안에 대해서 어떻게 생각하는가? 아마도 대부분의 독자들께서 이 법안에 찬성한다는 입장을 표명할 것이다. 우리 사회에서는 '병역 이데올로기'가 부각되면 거의 모든 사안의 판단 기준이 병역으로 귀결된다. 그리고 그동안 특권층이 보였던 비겁한 행위들에 대한 대중의 분노는 정당한 것이다. 하지만 이 법률 개정안의 이면을 자세히 들여다보고 난 뒤에 다시 한 번 생각해보기를 바란다.

「국적법」 개정안이 발효되기 전에 국적을 포기했던 대다수가 18세 미만의 학생들이었다. 더 정확히 이야기하면, 국적을 포기한 사람들 대부분이 자신의 뜻으로 국적을 포기한 것이 아니라 부모의 뜻에 따라 국적을 포기'당할' 수밖에 없었던 것이다. 이렇게 국적을 포기당한 아이들은 한국인으로 살아갈 수 없을 뿐만 아니라, 한국에서 살아간다는 것 자체가 매우 어려운 상황에 처하게 된다. 우리나라의 「재외동포의 출입국과 법적 지위에 관한 법률」이 인정하는 재외동포 자격을 사실상 박탈당함으로써 경제활동을 할 수도 없고 건강보험 등의 복지 혜택을 누릴 수 없기 때문이다.

> **재외동포의 출입국과 법적 지위에 관한 법률**
> 제2조(정의)
> 이 법에서 "재외동포"란 다음 각 호의 어느 하나에 해당하는 자를 말한다.
> 1. 대한민국의 국민으로서 외국의 영주권(永住權)을 취득한 자 또는 영주할 목적으로 외국에 거주하고 있는 자(이하 "재외국민"이라 한다)
> 2. 대한민국의 국적을 보유하였던 자(대한민국정부 수립 전에 국외로 이주한 동포를 포함한다) 또는 그 직계비속(直系卑屬)으로서 외국 국적을 취득한 자 중 대통령령으로 정하는 자(이하 "외국국적동포"라 한다)
>
> 제14조(건강보험)
> 국내거소신고를 한 재외동포가 90일 이상 대한민국 안에 체류하는 경우에는 건강보험 관계 법령으로 정하는 바에 따라 건강보험을 적용받을 수 있다.

당시 이 법률 개정안에 찬성했던 사람들이 이러한 이면까지 유심히 살펴보았는지는 알 수 없다. 하지만 단순히 병역 기피를 한 사람들에게 막대한 불이익을 줄 수 있다는 통쾌함에 찬성한 것이라면,

그건 옳은 선택이 아니다.

'병역 기피를 목적으로 국적을 포기한 사람에 대해서는 재외동포로서의 혜택을 박탈한다'는 내용의 법률 개정안이 무엇을 목적으로 하는지 한 번 더 생각해보아야 한다. 표면적인 목적은 병역 기피를 한 사람에게 불이익을 줌으로써 병역 기피 자체를 막겠다는 것이다. 그런데 이미 그보다 앞서 국회를 통과한 「국적법」 개정안으로 인해 병역 기피 시도를 원천봉쇄했다. 앞뒤가 바뀌었다는 생각이 들지 않는가? 병역 기피를 목적으로 국적을 포기한 사람에게는 불이익을 준다는 법을 먼저 발의한 뒤에 그래도 폐해가 계속된다면, 그때 「국적법」을 개정했어야 하는 것이다. 그런데 「국적법」을 개정해서 국적 이탈자가 속출하자 재빨리 새로운 법률 개정안을 발의한 것은 아무래도 국적 이탈을 시도했던 사람들에 대한 보복 성격이 짙지 않았나 하는 생각이 든다.

병역을 회피한 사람은 백 번 지탄받아 마땅하다. 국가는 같은 사례가 재발되지 않도록 반드시 제도적인 장치를 마련해야 한다 그래서 「국적법」을 개정했다. 하지만 법을 만들 때는 이성적으로 접근해야 한다. '네 뜻이든 아니든 너희는 군대 가는 것을 피했으니까 이제부터 한국인도 아니고 우리 민족도 아니야'라는 식으로 몰아붙여서는 안 된다. '병역'이라는, 전통적으로 민감한 이슈와 대중의 정서에 영합해서 법을 만들어서도 안 된다.

정치용어 중에 포퓰리즘이라는 말이 있다. 정책의 현실성이나 가치판단의 옳고 그름은 외면한 채 일반 대중의 인기에만 영합하여 목적을 달성하려는 정치행태를 가리키는 말이다. 정치인들은 대중의 관심을 먹고사는 사람들이기 때문에 쉽게 이 포퓰리즘의 함정에 빠진다. 어떤 사안에 대해서 대중의 지지가 강력해지면 자신이 옳은 일을 하고 있다는 착각에 빠지게 되는데, 이런 상황에서 대중의 강력한 지지를 얻어 만들어진 법률은 당장은 대중에게 큰 혜택을 주는 것처럼 보이지만, 결국 장기적인 관점에서는 더 큰 폐해를 유발한다. 포퓰리즘의 승리는 사회 전체의 패배로 귀결된다.

선거철이 되면 국회와 정부는 실현 불가능해 보이는, 또는 실현했다가는 망국으로 향할 게 빤한 법안들을 쏟아낸다. 하지만 국민대중은 이런 법안과 정책들을 냉철하게 비판하고 분석하기보다는 당장 자신에게 떨어질 (것이라는 착각을 불러일으키는) 이익을 좇아 투표권을 행한다. 무수한 악법이 이런 과정을 통해 만들어졌다. 악법의 탄생에 국민대중도 크게 한몫하고 있는 셈이다.

자, 그러면 한나라당의 모 의원이 발의해서 국회 본회의에 회부되었던 그 법률 개정안은 어떻게 되었을까? 출석한 232명의 의원 중에 찬성한 의원이 104명, 반대한 의원 60명, 그리고 사실상 반대나 다름없는 기권을 행사한 의원이 68명이었다. 과반을

국적법
제12조(복수 국적자의 국적선택의무)
①만 20세가 되기 전에 복수 국적자가 된 자는 만 22세가 되기 전까지, 만 20세가 된 후에 복수 국적자가 된 자는 그 때부터 2년 내에 제13조와 제14조에 따라 하나의 국적을 선택하여야 한다. 다만, 제10조제2항에 따라 법무부장관에게 대한민국에서 외국 국적을 행사하지 아니하겠다는 뜻을 서약한 복수 국적자는 제외한다.
②제1항 본문에도 불구하고 「병역법」 제8조에 따라 제1국민역(第一國民役)에 편입된 자는 편입된 때부터 3개월 이내에 하나의 국적을 선택하거나 제3항 각 호의 어느 하나에 해당하는 때부터 2년 이내에 하나의 국적을 선택하여야 한다. 다만, 제13조에 따라 대한민국 국적을 선택하려는 경우에는 제3항 각 호의 어느 하나에 해당하기 전에도 할 수 있다.

넘지 못해 결국 이 법률안은 부결되었다.

그리고 한 가지 더.「국적법」역시 2010년 개정을 통해 2005년 당시 개정하기 전으로 거의 되돌아갔으며, 사실상 복수 국적을 허용하는 방향으로 바뀌었다.

술에 너그러운 사회

왜 그런지는 정확히 알 수 없지만, 이상하리만치 우리 사회는 술에 관대하다. 요즘에야 직장생활이 빡빡해져서 그런 일이 없겠지만, 예전에는 지각을 해도 전날 술을 과하게 먹었다고 하면 어느 정도는 넘어가주는 분위기였다. 사회 분위기만 이런 게 아니라, 우리의 법도 술에 관대한 편이다. 법률용어 중에 '감경'이라는 것이 있는데, 이는 본래 정해진 형벌보다 가볍게 처벌한다는 뜻이다. 우리 법은 여러 가지 경우를 감경사유로 적용하고 있고, 그 대표적인 경우가 바로 '술'이다.

우리가 아무런 비판 없이 수용했던 전통적인 관념들이 범죄를 부추기고 있다. 우리는 전통적으로 술에 관대했고, 여성의 몸가짐에 대해서는 가혹했다. 음주 후에 일어난 성범죄에 대해, 남성 가해자에게는 '왜 그렇게 술을 드셔가지고……'라고 동정하면서도 여성 피해자에게는 오히려 '그러게 왜 그렇게 짧은 치마를 입고 다니느냐'

며 핀잔을 주는 것이 우리 인식의 현주소다. 이러한 인식은 법조항에도 그대로 반영되어 있다.

우리 「형법」 제10조에는 '심신장애자'라는 조항을 두어 심신장애로 인하여 사물을 변별하거나 의사 결정을 제대로 수행할 수 없을 때에는 형을 감경한다고 명시하고 있다. 이 조항에는 음주 상태도 적용이 되는데, 술을 많이 마신 상태에서 자신이 한 행동을 기억하지 못하거나 감정과 신체를 조절할 수 없는 지경에서 저지른 범죄행위에 대해서는 정해진 형벌보다 가볍게 처벌한다는 것이다.

그런데 조금 이상하다. 음주운전은 가중처벌하면서 왜 음주로 인한 범행에는 관대한 걸까? 법의 형평성 원칙에 의문을 제기하지 않을 수 없다.

불과 얼마 전까지만 해도 술을 마시고 성범죄를 저지른 범죄자들에게도 법은 관대한 처분을 내렸다. 앞에서 든 「형법」 제10조제2항에 근거하여 감경사유를 적용한 것이다.

하지만 우리 법은 발생 빈도가 점점 높아지는 성범죄자들에게 계속해서 관대할 수는 없었다. 여성단체들이 이 점에 대해서 지속적으로 건의하고 서명운동을 전개한 결과, 여러 의원들이 성폭력범죄에 대해서는 음주로 인한 감경사유를 제외한다는 조문을 신설하기 시작했으며, 수많은 법안이 국회에 계류되었다. 여성 의원들은 그들대로 공청회를 여러 차례 열어 성범죄자들에게 관대한 음주감경제도의 문제점을 알리기 시작했다.

그동안 우리나라의 처벌제도는 술에 관대했지만, 이제는 점점 술에 강경한 자세로 변화할 것으로 보인다.

지난 수년 동안에 발생한 중대 성범죄를 살펴보면 음주와 성범죄 사이의 관련성은 꽤 깊은 것으로 보인다. 2012년 4월에 발생한 수원 여성 납치 살해 사건의 범인 오원춘의 집 탁자에는 알코올 도수가 38도에 이르는 5리터짜리 중국 술이 절반가량 남아 있었다. 오원춘은 경찰 조사 과정에서 "술에 취한 상태에서 여자 생각이 나 범행을 저질렀다"고 진술했다.

2010년 부산에서 여중생을 성폭행한 뒤 살해한 김 씨는 "평소 주량이 소주 1병인데, 범행 당시 3~4병을 마셔서 아무런 기억이 없다"고 진술했고, 같은 해 서울의 한 초등학교에 침입해 학생을 납치한 후 성폭행한 김 씨는 "술이 원수다"라며 자신의 범죄 이유를 '술 탓'으로 돌렸다. 2008년 경기도 안산에서 등교하던 초등학생을 납치해 성폭행한 조 씨도 "술 때문에 전혀 기억이 없다"고 말했다. 성범죄자들이 이처럼 자신의 범행을 '술 탓'으로 돌리는 데에는 양형 감소와 관계가 있다.

2009년, 일명 '조두순 사건'의 가해자 조두순은, 아동을 대상으로 엽기적인 성범죄를 저질렀음에도 당시 만취 상태에서 범행을 저질렀다는 감경사유를 들어 법원이 징역 12년의 가벼운 형량을 판결했다. 그러자 비난 여론이 쇄도했다. 이에 대법원은 아동 성범죄 사건의 권고 형량을 무기징역까지 높이고 양형 감경사유에서 음주를 제외했다.

2010년에 개정한 「성폭력범죄의 처벌 등에 관한 특례법」은 다음과 같이 명시하고 있다.

> 제19조(「형법」상 감경규정에 관한 특례) 음주 또는 약물로 인한 심신장애 상태에서 제3조부터 제11조까지의 죄를 범한 때에는 「형법」 제10조 제1항·제2항 및 제11조를 적용하지 아니할 수 있다.

이 법률은 한마디로 성범죄에 대해서는 음주를 감경사유로 채택하지 않는다는 것이다. 그런데 이 조항은 '않는다'가 아니라 '아니할 수 있다'는 애매한 문구로 정리가 되어 여전히 음주를 감경사유로 채택할 수 있는 여지를 두고 있다.

한편 성범죄에서 음주를 감경사유에서 제외하는 것은 물론이고, 술을 마시고 저지른 범죄에 대해서는 오히려 더욱 강력한 처벌을 하자는 주장이 제기되고 있다. 프랑스와 영국 등에서는 마약 복용이나 음주 후 성폭력을 했을 경우에 이를 감경사유가 아니라 가중사유로 규정해 일반 범죄보다 무거운 양형을 선고한다. 이들 나라에서는 음주가 성범죄를 감싸주는 방패가 아니라 창이 되는 것이다.

Chapter 2 | 법으로 모든 것을 통제할 수 있다는 오만
법 만능주의에 빠진 입법자들

 법이 없으면 죄가 되지 않던 것도 법이 만들어짐으로 해서 죄가 되는 경우가 허다하다. 때문에 법을 만드는 권한을 부여받은 사람들은 자신이 만드는 법률로 인해 더 많은 범죄자가 양산될 수 있음을 늘 염두에 두어야 한다.
 앞에서 살펴보았듯 우리나라에서는 법안이 남발되고 있을 뿐만 아니라 '특별법'이라는 이름의 법이 지속적으로 생산과 재생산을 거듭하면서 「형법」의 체계를 뒤흔들고 있다. 그리고 법을 집행하는 사람들에게 폭 넓은 재량권을 부여해서 법의 형평성을 해친다. 나는 이 점에 대해서 입법 권한을 가진 우리나라 국회의원들이 법안 발의를 '실적'으로 인식하는 그릇된 관행과 생각을 꼬집었다. 그런데 우리나라의 국회와 정부가 법을 남발하는 이유가 그것뿐일까? 혹시 우리나라의 입법자들이 법의 기능과 역할을 과도하게 신뢰하고 있는 것이 아닐까? 그게 아니라면, 혹시 자신이 만든 법으로 세상사의 모든 것을 조율할 수 있다는 오만에 빠진 것은 아닐까?

풍선을 너무 세게 누르면 터진다

우리나라는 게임 강국이다. 게임 산업은 한 해 15억 달러 이상의 수출 소득을 올리고 있고, 국내시장 규모만 해도 10조 원에 이른다. 한국 사람들의 게임 사랑이 게임 강국을 만들었다. 얼마 전 미국 블리자드 사의 새로운 게임 디아블로 3가 출시되었을 때는 이 게임을 구하려는 구매자들이 밤샘 대기를 하는 등 장사진을 이루었다. 그리고 스타크래프트를 비롯해서 세계 게이머들이 즐기는 게임 종목에서 우리나라 프로 게이머들은 타의 추종을 불허하는 독보적인 위치를 차지하고 있다. 하지만 게임 강국 대한민국의 현실이 반드시 자랑스러운 것만은 아니다. 게임 산업의 확장과 함께 게임 중독자의 숫자도 기하급수적으로 늘어나고 있기 때문이다.

게임 중독의 심각성을 고발하는 뉴스도 잇따르고 있다. 밤새 게임을 즐기고는 했던 31살의 전공의 백 씨는 임신 9개월의 아내를 목 졸라 숨지게 했는데, 경찰은 백 씨의 범행이 게임 중독과 관련이 있는 것으로 추정했다. 그리고 게임 사이트에서 만나 결혼을 한 젊은 부부는 아이가 굶어죽는 것도 모른 채 게임에 몰두하다가 영아유기치사죄로 처벌을 받았다. 특히 청소년들이 게임에 중독될 경우, 수면 부족으로 인해 만성피로를 겪게 되고 식욕을 통제하는 호르몬 생산이 억제되어 비만이 될 수 있으며, 장시간 컴퓨터를 사용하면서 시력에도 장애가 올 수 있다. 뿐만 아니라 게임을 통해서 느끼는 쾌감의 강도가 커질수록 일상생활에서 감정을 조절하는 능력이 크게 떨어질 수 있다.

이와 같이 게임 중독으로 인한 경고 시그널이 지속적으로 울리자, 정부는 2011년 11월부터 만 16세 미만 청소년이 심야 0~6시에 인터넷 게임을 하는 것을 제한하는 셧다운제를 실시했다. 청소년 회원이 자정을 넘겨 게임을 할 때는 접속이 끊기도록 하는 원천봉쇄 정책을 편 것이다.

하지만 이 셧다운제는 청소년들이 부모의 주민등록번호를 도용하거나 성인의 주민등록번호를 유출해서 거래하는 브로커와 접촉하는 등의 새로운 범죄를 유발하고 있다. 청소년들이 이런 방법으로 셧다운제를 피하고 있다는 소식을 접한 부모는 자신의 주민등록번호를 입력하면 어떤 게임 사이트에 회원으로 가입되어 있는지 알려주는 체크사이트에 조회를 하는데, 자녀들은 자녀들대로 부모의 조회를 피하기 위해 국내법이 미치지 못하는 해외 서버에 접속하기도 한다. 이렇게 부모와 자녀들이 가상공간에서 쫓고 쫓기는 술래잡기를 하고 있다.

풍선의 한쪽을 누르면 다른 쪽이 튀어나오기 마련이다. 법으로 누르는 것이 능사는 아니다. 법으로 규제하고 강제하면 모든 문제를 해결할 수 있다고 믿는 법 만능주의는 새로운 범죄를 양산할 수 있다. 이때는 법이 오히려 독이 된다.

한쪽의 일방적인 희생을 요구하는 법 역시 사회를 경직되게 만든다. 일명 '응당법'이라고 불리는 「응급의료에 관한 법률」의 '응급실 당직'에 관한 조항이 대표적인 사례다.

개정된 법에 따르면, 응급실에서 근무하는 의사가 필요에 의해 전문의를 호출하면 전문의는 빠른 시간 내에 직접 응급실에 와서 환자를 진료해야 한다. 그런데 이 조항은 여러 가지 자체적인 문제점을 안고 있다. 응급실 당직 의사의 호출에 응하기 위해서 전문의가 병원에서 대기 상태로 있어야 하는 것인지, 아니면 퇴근 후에 집이나 바깥에 있다가 돌아와야 하는지에 대한 규정이 없다. 법에서 '병원에서 대기하고 있어라'고 정하고 있지는 않지만, 사실상 전문의는 어떤 곳에 있든 24시간 대기 상태로 있을 수밖에 없다. 그러면 또 문제가 발생한다. 그 대기 상태로 보내는 시간을 근무시간으로 인정할 것인가, 아닌가 하는 점이다.

대형 병원이 아닌 한 응급실이 있는 병원의 전문의는 1~2명 정도에 불과하다. 전문의가 2명 이상일 때는 그나마 당번을 정해서 격일로 의무를 이행할 수 있지만 사실상 이것도 말이 안 된다. 왜냐하면 의사들은 서

법에 무관심할 때 일어나는 비극

열과 계급의식이 강해서 후배 의사가 의무를 도맡아서 할 가능성이 크다, 전문의가 1명뿐일 때는 하루 24시간, 1년 365일 대기 상태로 있어야 한다. 이것은 도저히 인간의 체력으로 해낼 수 없는 일이다.

상황이 이렇게 되자, 응급실 당직 의사가 전문의를 호출하는 기준을 어떻게 잡을 것이냐 하는 문제가 다시 불거졌다. 낮에는 낮대로 진료를 하고 또 며칠 밤 지속적으로 응급실을 들락날락하면서 파김치가 되었을 전문의를 응급실 당직 의사가 쉽게 불러낼 수 있을까? 인정에 못 이긴 당직 의사가 스스로 전문의를 필요로 하는 기준을 높게 상정했다가 불행한 일이 발생한다면, 그것은 누구의 책임으로 돌려야 할까?

게다가 이런 현실적인 어려움을 알지 못한 채 법률 조항만 숙지하고서 병원을 찾은 환자는 또 어떻게 될 것인가? 환자는 의료진의 판단과는 상관없이 자신이 처한 상황을 '전문의를 필요로 하는 상황'으로 판단할 것이다. 그리고 당연히 전문의가 자신을 봐줄 거라고 기대하고 있다가 전문의가 오지 않으면 분쟁이 일어날 것이 불을 보듯 뻔하다. 정부는 의료 서비스의 질을 높이고 환자의 권익을 보호하겠다는 취지로 법률을 개정했지만, 이 법률은 현실에서 실제로 일어날 수 있는 상황을 전혀 고려하지 않고 있다. 이처럼 한쪽의 희생을 일방적으로 요구하거나 실현 불가능해 보이는 비현실적인 법을 만들 것이 아니라, 현실에서 실제로 일어나고 있는 공공연한 비리를 개선할 수 있는 법을 만드는 것이 우선순위다.

현재 우리나라 의료계의 외과와 흉부외과 등의 과목에서는 수술을 집도하기로 되어 있는 의사 대신 아직 숙련이 덜 된 의사가 메스를 잡는 경우가 허다하다. 수술을 받는 환자는 마취 상태에 있기 때문에 어떤 의사가 수술을 진행하는지 알지 못한다. 전문의 대신 숙련의가 수술을 집도하는 상황이 벌어지는 이유는 그만큼 외과와 흉부외과 전문의가 부족하기 때문이고, 또 의료계의 '선배가 시키면 후배는 무조건 따라야 한다'는 잘못된 관례 때문이기도 하다. 특히 의료장비와 인프라를 구축하기가 어려워 개인병원을 여는 것이 거의 불가능한 흉부외과 의사들은 대형 병원에서 살아남기 위해 선배 의사들의 과도한 요구를 전적으로 수용해야만 하는 실정이다. 사람의 목숨을 다루는 수술실에서 이와 같은 일들이 벌어지고 있다는 사실은 알 만한 사람들은 다 아는 '공공연한 비밀'이건만, 이런 폐해를 예방할 법적인 장치는 전혀 마련되어 있지 않다. 이러한 현실 문제들을 바로잡지 않고서는 결코 의료 서비스를 개선할 수 없을 것이다.

우리 사회 각계각층은 저마다 '공공연한 비밀'들을 한 가지씩은 안고 있다. '다 알면서 왜 그래?'라며 쉬쉬하는 일들로 인해 우리 사회의 원칙과 상식이 붕괴되고 있는지도 모른다. 법을 만드는 사람들은 이처럼 해묵고 골치 아픈 문제들을 개선할 수 있는 법을 먼저 만들어야 한다. 하지만 입법자들은 골머리 썩이는 문제에서는 눈을 돌리고 법으로 강제해서는 안 되는 것들을 법으로 강제하면서 현실 상황을 더욱 혼란스럽게 만들고 있다. 누가 보아도 불합리한 법을 그들은 도대체 무슨 생각으로 계속해서 만들어내는 것일까?

나는 이런 현상들에서 법을 만드는 사람들의 오만을 발견한다. 내가 법을 만들어놓으면 그 법대로 세상의 질서가 잡힐 것이라는 창조주적 오만, 또는 내가 법을 만들었으니 너희는 무조건 따르라는 식의 군주적 오만 말이다. 바로 이런 오만으로 인해 악법들이 태어나는 것은 아닐까 생각해본다.

흐름에 역행하는 시대착오적인 법률들

2008년 10월, 정부는 우리 사회에 큰 충격을 던진 한 가지 사건을 계기로 새로운 법률과 처벌 규정을 신설할 움직임을 보였다. 우리 사회에 충격을 안긴 사건이란 톱스타 최진실 씨의 자살이었다. 이 사건에 이어 지각없는 네티즌들의 무분별한 악성 댓글이 안타까운 죽음을 불러왔다는 언론의 대대적인 보도가 나가고 이를 성토하는 여론이 무르익을 즈음, 정부는 인터넷 상에서 인신공격을 하거나 허위사실을 유포하여 타인의 명예를 실추하는 행위를 엄단하겠다며 '사이버 모욕죄'를 신설하겠다고 밝혔다. 그래서 한동안 사이버 모욕죄를 법적으로 적용할 수 있는 법률 개정안이 '최진실법'이라고 불리기도 했다.

법으로 모든 것을 통제할 수 있다는 오만

정부가 사이버 모욕죄를 처음 구상한 것은 2005년이었다. 당시 정보통신부는 경희대학교 법대의 모 교수팀에 사이버 명예훼손죄에 관한 용역을 의뢰했고, 「형법」상 출판물에 의한 명예훼손죄에 상응하는 규정으로 사이버 모욕에 대한 가중처벌 규정을 별도로 마련하는 것이 타당하다는 결론을 이끌어냈다. 이때 연구용역을 의뢰받은 교수팀이 만들어낸 조항은 다음과 같았다.

> 누구든지 정보통신망을 통해 타인을 모욕하는 행위를 한 자는 3년 이하의 징역 또는 3,000만 원 이하의 벌금에 처한다. 전항의 죄를 처벌할 때에는 피해자의 의사를 존중해야 한다.

사이버 모욕죄에 대한 처벌 규정은 「형법」에 명시된 '명예훼손'과 '모욕'보다 훨씬 무거웠다. 그만큼 정부는 사이버 모욕이 미치는 파급력이 크다고 판단했던 것이다.

그런데 일반적인 모욕죄나 명예훼손죄가 피해자의 의사를 존중하는 친고죄 내지는 반의사불벌죄인 데 비해 2008년에 정부가 구상한 사이버 모욕죄에서는 친고죄와 반의사불벌죄 성격이 탈락하는 방향으로 추진되었다. 2005년에 정부가 구상한 사이버 명예훼손죄

형법
제307조(명예훼손)
①공연히 사실을 적시하여 사람의 명예를 훼손한 자는 2년 이하의 징역이나 금고 또는 500만 원 이하의 벌금에 처한다.
②공연히 허위의 사실을 적시하여 사람의 명예를 훼손한 자는 5년 이하의 징역, 10년 이하의 자격정지 또는 1천만 원 이하의 벌금에 처한다.

제311조(모욕)
공연히 사람을 모욕한 자는 1년 이하의 징역이나 금고 또는 200만 원 이하의 벌금에 처한다.

법에 무관심할 때 일어나는 비극

에는 피해자의 의사를 존중한다는 규정이 포함되어 있었다. 이는 피해자의 고소 없이도 국가가 사건에 개입할 수 있도록 함으로써 개인의 표현의 자유를 억압하고 언론을 통제하는 수단으로 악용될 소지가 있었다. 명예훼손은 사실관계가 비교적 구체적으로 드러나기 때문에 판단기준이 명확하다. 하지만 모욕죄, 특히 사이버 모욕죄는 듣기 혐오스러운 욕설이 아니라 풍자적이고 완곡한 표현을 한 것에 대해서 자의적으로 평가하여 죄를 '생산'해낼 여지가 충분하다. 이에 당시 야당 국회의원들과 시민단체는 강하게 반발했고, 결국 이 법률 개정안 추진은 무산되었다.

하지만 이후로도 정부는 사이버 모욕죄를 기어이 법전에 등재시키겠다는 의지를 버리지 않았다. 악성 댓글이나 네티즌의 무분별한 허위사실 유포가 언론을 통해 보도되면 그때마다 정부와 이해타산이 맞아떨어지는 여당 국회의원들은 재빠르게 사이버 모욕죄를 들고 나왔다.

역사적으로 볼 때 모욕죄가 처음 탄생한 곳은 독일이었다. 독일의 귀족들이 스스로의 위신을 보호하기 위한 법적 장치로 모욕죄를 만들었던 것이다. 독일에서 발생한 모욕죄는, 독일의 법을 이어받은 일본에서 재탄생했고, 일본 법의 영향을 받은 우리나라와 대만에서 다시 태어났다. 자, 딱 이 네 나라다. 전 세계적으로 현재 이 네 나라에서만 모욕죄가 존재한다. 그렇다면 사이버 모욕죄는? 중국이 유일하다. 국가체제의 특성상 북한에도 있을 법하지만, 북한에서는 일반 국민이 인터넷에 접근하는 것이 극히 제한되어 있어 딱히 사이버 모욕죄를 만들 필요를 느끼지 못했을 것이다. 그리고 민주주의 국가 중에서 사이버 모욕죄를 도입하려고 시도한 나라는 대한민국이 최초였다. 한 마디로 세상의 흐름에 역행하는 시대착오적인 법안인 것이다.

일종의 해프닝으로 끝나고 말았지만, 여당의 한 국회의원이 발의했던 '마스크 착용 금지법'도 시대착오의 한 축을 이룬다. 이 법안은 반정부 시위자들이 얼굴을 알아볼 수 없도록 가리는 것을 방지하기 위해 집회와 시위에 참가할 시에는 마스크를 착용할 수 없도록 규정하고 있다. 경찰의 채증 원래 증거를 수집하는 것을 이르지만, 현재는 경찰이 확보한 사진 증거로 후에 죄를 묻는 행위로 쓰인다을 피할 수 있는 방법을 사전에 차단함으로써 시위와 집회 참가율을 떨어뜨릴 목적으로 발의된 법안이었지만, 이 법안을 발의한 의원은 참 운이 없었다. 하필 전염성 강한 조류 인플루엔자가 창궐하는 바람에 국민의 위생 따위는 안중에도 없느냐는 비판 속에서 막을 내려야 했기 때문이다.

DNA가 모든 것을 말한다

〈가타카〉라는 영화가 있다. 이 영화는 미래의 어느 시대에 일어날 수 있는 일들을 SF 스릴러 형식을 취해 재미있게 보여주고 있다.

영화 속 시대의 인류는 태어나면서부터 계급이 정해진다. 열등 인

법에 무관심할 때 일어나는 비극

영화 《가타카》의 장면

간들은 허드렛일을 하는 단순 업종에 종사하고 사회적으로 계급이 낮다. 반면에 우등 인간들은 관리자로서 권력을 누린다. 영화는 열등 인간으로 분류된 주인공이 자신의 운명을 개척하여 꿈꾸던 이상을 이룬다는 줄거리로 진행된다. SF 스릴러 장르이지만, 서정적이고 철학적인 메시지를 주는 훌륭한 영화다.

이 영화에서 열등 인간과 우등 인간을 분류하는 장치로 인간의 유전자정보가 이용되는 것을 볼 수 있다. 과학이 극도로 발달한 영화 속 시대에는 유전자정보를 통해 기대수명이 예측 가능하고, 그 사람이 앞으로 어떤 능력을 발휘할 것인가도 미리 예측해낸다. 유전자지도에 범죄를 저지를 가능성이 있는 것으로 보이는 사람은 애초에 사회에서 격리된다.

그런데 이러한 이야기가 영화적 상상력인 것만은 아니다. 실제로 현대의 과학은 사람의 DNA에서 질병인자를 미리 발견해내는 수준에까지 이르렀다. 오래지 않아 인류는 DNA를 통해 그 사람의 운명까지 지배하게 될지 모른다. 우리가 어릴 적 보았던 영화의 장면들은 대부분이 현실이 되었다. 젠틀하고 매끈한 영국 정보국 요원이 상상을 초월하는 첨단기기를 조작하면서 맹활약을 펼치던 007 시리즈가 액션물로 변신할 수밖에 없었던 것도, 현기증 나는 현실의 속도가 상상의 속도를 앞질러버렸기 때문이다.

2010년 11월, 경찰은 2007년에 발생했던 미해결사건의 범인을 검거하는 데 성공했는데, 사건 해결의 단서를 제공한 것이 바로 DNA

였다.

　2007년 2월경 부산의 ○○여관에서 전선줄에 손발이 묶이고 하의가 벗겨진 한 구의 시체가 발견되었다. 사건 발생 당시, 관할 경찰서의 수사관들은 사건 현장에서 담배꽁초, 젓가락 등의 증거물을 수집하여 국립과학수사연구소^{현 국립과학수사연구원}에 유전자감정을 의뢰했다. 유전자감정 결과, 증거물에서 피해자의 것이 아닌 두 종류의 유전자가 발견되었다. 이를 바탕으로 수사를 진행한 경찰은 두 종류의 유전자 가운데 하나의 주인공으로 밝혀진 이 씨를 피의자로 지목했으나 결국 혐의점을 찾지 못했다. 나머지 유전자의 주인공은 끝내 찾아내지 못한 채 내사 종결되었고 이 사건은 미제사건으로 분류되었다.

　2010년 7월, 우리나라에서는 「디엔에이 신원확인정보의 이용 및 보호에 관한 법률」^{속칭 DNA법}이 시행되었다. 그로부터 약 한 달 뒤, 2007년 강도상해죄로 교도소에 수감되었던 최 씨가 형기 만료로 2010년 8월에 출소하면서 DNA 시료를 채취했다. 그런데 그의 DNA가 3년 전 발생했던 부산 ○○여관 부녀자 피살 사건 현장에서 수집된 성명 불상자의 유전자 데이터와 일치한다는 사실이 밝혀졌다. 대검 과학수사팀은 이 사실을 부산동부지청에 통지했고, 부산동부지청은 DNA 데이터베이스 검색 결과를 토대로 피의자 최 씨에 대해 은밀한 조사를 진행했으며, 체포영장이 발급된 2011년 11월, 서울 영등포역 앞에서 최 씨를 검거했다. 최 씨는 경찰 조사에서 범행

일체를 자백하고 살인죄로 구속 기소되었다.

최 씨를 검거했던 당시 모 일간지에는 DNA 수사의 실효성을 지지하는 내용의 기사가 실렸다.

> 이번 사건은 「디엔에이 신원확인정보의 이용 및 보호에 관한 법률」에 따라 확보한 DNA 정보를 데이터베이스화하여 관리하고, 검찰과 경찰이 DNA 데이터베이스를 대조하여 범인을 검거한 사안이었으며, DNA 덕분에 과거 미결사건으로 사라졌던 사건들이 다시 고개를 들어 재수사되고 있고, 몇 년 동안 법망을 피해 다녔던 사건의 범죄자들이 이제야 죗값을 톡톡히 치르고 있다. 앞으로도 DNA 데이터베이스 검색을 통하여 많은 미제사건이 해결될 것으로 예상된다.

내용을 축약하면, DNA법으로 인해 앞으로 범인 검거율이 급상승할 것이라고 예측하고 있다.

DNA법의 입법 취지는 살인이나 아동 성폭력 등 죄질이 나쁘고 재범 위험성이 높은 강력범들의 DNA를 채취하여 이 정보를 국가가 관리함으로써 범죄 수사의 효율성을 높인다는 점에 있다. 어떤 사건이 발생했을 때, 사건 현장에서 채취한 DNA와 미리 채취해둔 강력범들의 DNA를 비교·대조해서 동일한 시료가 발견되면 쉽게 범인을

법에 무관심할 때 일어나는 비극

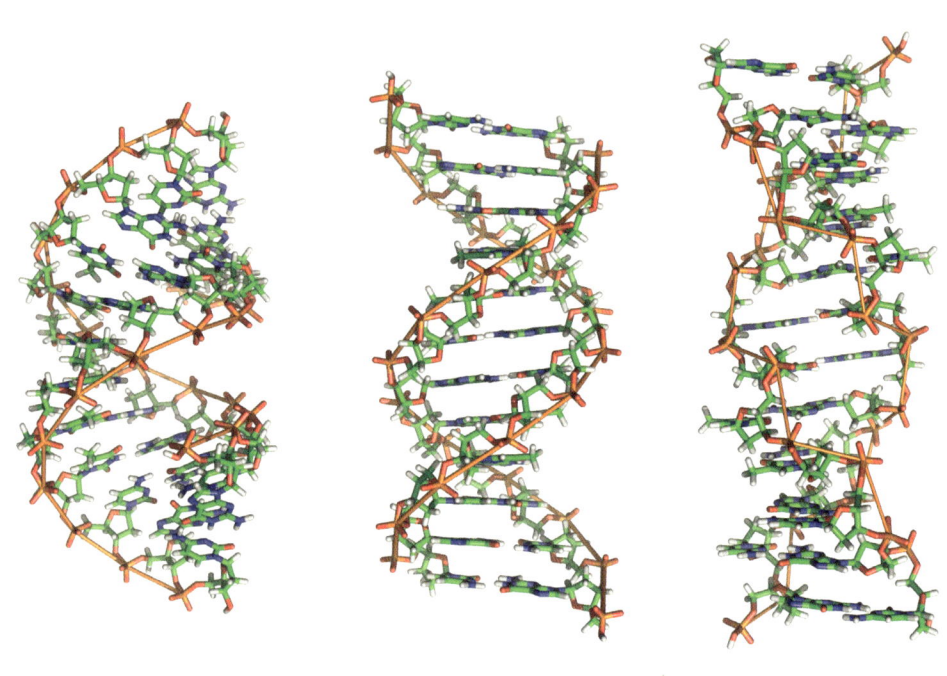

유전자정보는 이를 통해 범죄자를 쉽게 식별할 수 있는 장점이 있지만,
유전자정보 수집이 전 국민을 대상으로 행해질 때는 여러 가지 문제가 발생할 수 있다.

색출할 수가 있다. 따라서 강력범들에게는 이러한 시스템이 범행을 억제하는 효과를 발휘할 수 있는 것이다.

그러나 DNA는 개인의 신원을 확인하는 데 쓰일 뿐만 아니라, 가족관계를 식별하는 데도 쓰이고 질병정보, 유전정보를 확인하는 데에도 쓰인다. 이처럼 DNA에는 수많은 정보가 담겨 있기 때문에 애초의 수집 목적과는 다른 용도로 이용될 가능성이 있다. 또 DNA는 모발, 침, 담배꽁초, 각질, 털 등 신체의 극히 일부나 일상적인 물건들에서 당사자 몰래 쉽게 채취할 수 있어서 '나'에 관한 거의 모든 것을 확인해주는 정보를 '나'도 모르는 사이에 타인의 손에 넘겨줄 위험성 역시 크다.

현재의 'DNA법'은 강력범과 중대범죄자들의 DNA만 채취해서 보관하도록 하고 있다. 이 책을 읽고 있는 독자들 대부분은 중대범죄자가 아니기 때문에 우리의 DNA가 국가 데이터베이스에 저장될 일은 없을 것이라고 생각할 것이다. 그런데 한 가지 생각해봐야 할 문제가 있다.

법은 처음에는 그 적용 범위를 협소하게 잡았다가 실효성이 검증되고 매우 유용하다는 인식이 확산되면 적용 범위를 차츰 넓혀나가는 양상을 띤다는 것이다. 더구나 데이터베이스라는 것 자체가 정보 저장량이 많으면 많을수록 더욱 효용성이 높아지기 때문에 이를 운영하는 국가기관은 DNA 채취 대상을 점점 확대해나갈지도 모른다. 법이란 한 번 제정하고 나면 조문의 일부를 뜯어고치는 작업은 손쉽게 할 수 있다. DNA법이 현재는 DNA 시료를 채취하고 보관하는 대상을 중대범죄자로 한정하고 있지만, 나중에 국민 전체를 대상으로 DNA법을 적용하지 말란 법은 없는 것이다. 물론 그때는 '관리'가 아니라 '복지'나 '편의'를 구실로 내세우게 될 것이다. 실제로 DNA법을 도입한 다른 국가의 경우에도 초기에는 제한적으로 법을 적용하다가 점점 그 대상과 범위를 확대해나가는 경향을 보인다.

지금 당장 나와는 상관이 없다고 해서 「디엔에이 신원확인정보의 이용 및 보호에 관한 법률」에 무관심해서는 안 된다. 이 법률이 어떻게 운영되는지 지켜보아야 한다. 강력범죄를 저지른 범죄자라 하더라도 그 범죄자의 재범 위험성을 실질적으로 심사해서 법을 적용하고, DNA를 채취하는 강제력 역시 법관의 영장이 아니라 형 집행의 종료 단계에서 내려지는 법원의 최종 판결에 귀속시키는 것이 바람직하다. 적어도 이 모든 것이 적법한 법률 절차에 의해 이루어져야 한다는 대원칙은 반드시 지켜져야 한다. DNA법이, 국가가 국민을 감시하고 통제하며 지배하는 수단으로 변질된다면, 영화 〈가타카〉 속의 우울한 현실이 곧 우리의 미래가 될 것이다.

또 다른 차별을 만드는 차별금지법

우리나라의 입법자들은 사회적으로 중대한 사안이 발생하면 가

끔씩 균형감각을 잃은 채 한쪽에 편익을 몰아주는 법을 만들어내기도 한다.

법제실에서 근무하던 때의 일이다. 윤중로의 벚꽃이 흐드러지게 피어나던 어느 봄날 오후, 의욕에 가득 찬 보좌관이 자료를 품에 한 아름 안고 찾아왔다. 무언가 단단히 부탁할 것이 있는 모양인 듯 아이스커피까지 사들고 와서는 법안을 내밀었다. 법안의 제목을 들여다보았다.

'인종차별금지법'

놀랍지도 않았다. 그로부터 얼마 전에 일어난 한 사건 때문에 그와 관련한 법안 문의가 들어오리라고 예상하고 있었기 때문이다.

우리나라의 성공회대학교에서 교수를 지내고 있던 28세의 인도인 보노짓 후세인 씨가 버스를 타고 가고 있었다. 그런데 한국인인 박 씨가 그를 향해 "냄새나, 더러워", "어느 나라에서 왔어?"라고 말하며 노골적으로 불쾌감을 드러냈다. 뿐만 아니라 후세인 교수와 동행한 한국 여성에게도 "새까만 외국 놈이랑 사귀니까 기분이 어떠냐?" 등의 모욕적인 발언을 서슴지 않았다. 보노짓 후세인 교수는 박 씨를 모욕죄로 경찰에 고발했다. 더 큰 문제는 경찰서에서 벌어졌다. 경찰관들이 박 씨와 후세인 교수를 대상으로 조사를 진행하면서 박 씨에게는 존댓말을 쓰고 후세인 교수에게는 시종일관 반말을 쓴 것이었다. 결국 이 사건은 법정까지 갔다. 언론은 이 사건을 대대적으로 보도하면서, 우리나라에 인종차별에 대한 법률적 규정이 없기 때문에 이와 같은 사건이 발생한 것이라고 문제를 제기했다. 그리고 오래 지나지 않아 의원실에서 이와 관련한 법안을 만들겠다고 찾아온 것이었다.

보좌관은 외국인에 대한 한국인의 모욕적 언사와 차별행위를 규제할 수 있는 강력한 법률이 필요하다고 말했다. 인종, 피부색, 출신국가 등이 다르다는 이유로 고용과 교육, 재화, 용역 등 사회 전반의 분야에서 차별하는 행위를 금지하는 조항을 넣어서 법률 초안을 작성해달라고 했다.

우리나라는 「남녀고용평등과 일·가정 양립 지원에 관한 법률」, 「장애인차별금지 및 권리구제 등에 관한 법률」, 「고용상 연령차별금지 및 고령자고용촉진 등에 관한 법률」 등의 차별금지법을 두고 있다. 여기에 인종차별금지법이 더해지게 된 것이다.

하지만 나는 이 법안에 부정적이었다. 인종차별금지법 내지는 외국인차별금지법이 만들어질 경우, 이는 우리 국민에 대한 역차별을 유발할 수 있다. 어느 특정 집단을 보호하는 법률이 있고 그 특정 집단의 개인과 우리 국민이 갈등을 빚을 때, 차별을 금지하는 법률을 들어 우리 국민이 상대적으로 불리한 입장에 처하지 않으리라고 장담할 수는 없는 것이다. 물론 이 법안의 입법 취지가 차별을 금지하자는 것이지 특혜를 주자는 것이 아니라는 것은 분명하다. 하지만 한국인이 아닌 특정 집단을 법적으로 보호하는 시스템이 가동되면 외국인과 갈등상황이 벌어졌을 때 국가의 정책을 살린다는 명목 하에 우리 국민이 불이익을 당할 수도 있는 것이다.

그래서 나는, 의욕을 보인 보좌관에게는 미안하지만, 이 법안을 만들 수가 없었다. 대신 「형법」상의 모욕죄 부분에 외국인을 포함하는 내용을 넣어서 제정법이 아닌 개정법을 만들어서 전달했다. 하지만 결국 의원실은 처음의 고집대로 제정 법안을 만들었다. 지금도 이 법안은 인터넷상에서 논쟁거리가 되고 있다.

2009년 당시 발의된 이 법안에서 가장 문제가 되는 것이 다음 내용이다.

> 제10조(고용에서의 차별 금지) 사용자 및 임용권자는 다음 각호의 1에 해당하는 행위를 하여서는 아니 된다.
> 1. 인종 등을 이유로 모집·채용의 기회를 주지 않거나 제한하는 행위
> 2. 인종 등을 이유로 임금 및 금품을 차등 지급하거나 호봉 산정을 다르게 정하는 행위
> 3. 인종 등을 이유로 교육·훈련에서 배제·구별하거나 직무와 무관한 교육·훈련을 강요하는 행위
> 4. 인종 등을 이유로 특정 보직을 부여하지 아니 하거나 근무지를 부당하게 변경하는 행위
> 5. 인종 등을 이유로 승진에서 배제하거나 승진 조건·절차를 달리 적용하는 행위

6. 인종 등을 이유로 퇴직을 강요하거나 해고하는 행위

제25조(증명책임) 이 법에서 금지한 차별과 관련한 소송에서 증명책임은 차별을 받았다고 주장하는 자의 상대방이 부담한다.

차별당한 것을 주장하는 당사자가 차별을 입증하는 것이 아니라 고소를 당한 자가 차별을 하지 않았다는 사실을 증명해야 하는 것이다. 어떤 외국인이 인종차별을 당했다고 '나'를 고소하면, '내'가 인종차별을 하지 않았다는 증거를 제출해야 한다는 것이다. 이 법안을 적용할 경우, 오히려 이를 악용하는 외국인이 있을 수 있다. 고소를 당한 한국인이 인종차별을 하지 않았다는 증거를 제출하지 못하면 인종차별을 한 것으로 된다. 그래서 이 법안은 몇몇 부분을 수정하고 '책임입증' 부분도 다음과 같이 수정되었다.

제40조(입증책임의 배분) ①이 법률과 관련한 분쟁해결에 있어서 차별에 해당하는 행위가 있었다는 사실은 차별행위를 당하였다고 주장하는 자가 입증하여야 한다.
②제1항에 따른 차별행위가 이 법에서 금지하는 차별행위가 아니라거나 그 행위에 정당한 사유가 있었다는 점은 차별행위를 당하였다고 주장하는 자의 상대방이 입증하

여야 한다.

다문화사회로 빠르게 진입해가는 대한민국의 현실에서 한민족이 아닌 민족과, 우리와 인종이 다른 사람들의 인권을 보호하는 장치는 반드시 필요하다. 내가 말하고 싶은 것은 자국민 보호를 최우선으로 해야 하는 우리나라의 법이 오히려 우리 국민을 차별하는 빌미를 제공한다면, 그 법은 과연 어느 나라의 법인가 하는 것이다.

그런데 2012년 9월 현재 또 다시 의원실에서는 이 차별금지법을 법제실에 의뢰했다고 한다. 이 법률에 혹시 상대적으로 우리 국민의 역차별을 유도하는 내용이 포함되지 않았는지 주의를 기울여야 할 것이다.

보다 어른스러운 정부를 기대한다

우리 「헌법」은 제22조에서 '모든 국민은 학문과 예술의 자유'를 가진다고 명시함으로써 표현의 자유를 국민의 기본권으로 보장하고 있다. 하지만 급속한 근대화와 경제부흥의 기치가 다른 모든 가치를 압도해서 대통령에게 권력이 집중되었던 시절에는 「헌법」이 보장하는 국민의 기본권 같은 것은 얼마든지 침해해도 좋을 하찮은 것에 불과했다.

법에 무관심할 때 일어나는 비극

이후 문민정부, 국민의 정부, 참여정부를 거치면서 이전과는 비교할 수 없을 만큼 민주화가 진행되었다. 하지만 「헌법」이 보장하는 국민의 기본권, 특히 표현의 자유에 관한 사항은 항상 논란의 불씨가 되어왔다. 국가(라는 대표성을 가졌다고 여기는 권력자)는 헌법정신에 기초하여 표현의 자유를 보장한다고 표방하면서도 그 의도가 불순하다고 판단되었을 때는 여지없이 사법 정의를 실현한다는 명목으로 법의 칼날을 휘둘렀다. 표현의 자유와 관련해서 기억나는 가장 최근의 사건은 G20 정상회의 홍보 포스터에 쥐 그림을 그려서 기소된 대학 강사의 사례다.

대학 강사인 박 씨는 2010년 10월 종로와 을지로 등을 돌아다니며 G20 준비위원회가 설치한 대형 포스터에 쥐를 그려 넣었다. 박 씨는 신고를 받고 출동한 경찰에 의해 현행범으로 붙잡혔다.

G20 개최를 앞두고 당시 정국은 초긴장 상태에 있었다. 대회 개최를 반대하는 여론이 만만치 않았고, 정부가 G20 회의 개최 장소인 코엑스 주변의 시민 출입을 제한하면서 물의를 빚기도 했다. 이런 분위기 속에서 G20 포스터를 훼손한 행위에 대해 검찰은 이례적으로 구속수사를 지시했다 공용물건 손상 혐의는 일반적으로 구속수사를 하지 않고 벌금형으로 처리한다. 검찰은 박 씨의 행위를 단순한 공용물건 손상으로 보지 않고 국가 지도자의 품위를 손상시킨 반국가적 행위로 규정했다. 신문 기사에 따르면, 사건의 담당 검사는 이 사건을 "국민들과 아이들로부터 청사초롱 쥐가 청사초롱을 들고 있었다과 번영에 대한

꿈을 강탈한 조직적 범죄행위"라고 하면서 징역 10월을 구형했다고 한다.

박 씨는 1심과 2심 재판에서 자신의 행위가 예술행위에 해당된다며 「헌법」상 보장된 예술창작 또는 예술 표현의 자유 차원에서 보호되어야 한다고 주장했다. 하지만 재판부는 "모든 사람들이 원하는 대로 공무상 설치된 물건을 마음대로 변형할 수 있다면 공무집행은 사실상 수행이 불가능하다"는 이유를 들어 유죄를 선고하고 200만 원 벌금형에 처했다.

나는 박 씨의 자기변론이 100% 진실한 것이라고 보지는 않는다. 그가 포스터에 그려넣은 '쥐'가 현 대통령을 비하하는 상징으로 쓰이고 있었고 G20 대회 개최가 맞물려 있었다는 정황으로 판단했을 때, 박 씨의 행위가 국가의 품위를 손상시키려는 의도까지는 아니었다 하더라도 어느 정도 정치적인 성향은 띠었을 것이라고 생각한다. 하지만 어쨌든 재판부는 이런 민감한 사안에 대해서는 거론하지 않고 단순한 공용물건 손상 위반을 적용하여 벌금형을 내렸다. 그런데 이 판결에 대해서 재판부가 밝힌 입장은 과연 「헌법」이 보장하는 국민 기본권의 범위가 어디까지인지 의문을 갖게 했다.

"「헌법」의 표현의 자유에 대한 우리 「헌법」 제22조는 학문과 예술의 자유를 보장하고 있지만, 무제한적인 기본권은 아니며 타인의 명예를 훼손하는 행위에 대해서는 처벌해야 하는 자체적 한계가 있다."

법에 무관심할 때 일어나는 비극

영국 해군을 상대로 장난을 친 소설가 버지니아 울프.
변장을 한 사진에서 가장 왼쪽이 버지니아 울프다.

재판부 스스로 「헌법」이 보장하는 기본권인 표현의 자유는 상황에 따라, 해석에 따라 제한될 수 있음을 밝힌 것이다. 그렇다면 결국 표현의 자유 논란은 그것을 판단하는 자의 결정에 좌우될 수밖에 없다는 논리로 귀결된다.

1920년 2월 7일, 포틀랜드에 정박 중이던 영국 해군의 전함 드레드노트 호에 전문이 도착했다. '아비시니아^{에티오피아의 옛 명칭이다}'라는 나라의 왕자들이 전함을 방문할 예정이며 이 일에 대해서 영국 외무부의 찰스 하딩 경의 재가가 떨어졌다는 내용이었다. 에티오피아의 국가와 국기에 대해서 잘 몰랐던 드레드노트 호의 장교들은 부랴부랴 군악대를 편성하는 등 부산을 떨었다. 드디어 아비시니아의 왕자들이 도착하고, 드레드노트 호의 해군들은 그들을 성대히 맞아주었다. 왕족들은 전함의 장교들에게 명예훈장을 수여하기도 했다. 얼마 동안 배에 머물며 융숭한 대접을 받은 아비시니아의 왕자들은 전함을 둘러본 뒤에 떠났다.

그런데 오래지 않아 그 왕자들이 가짜라는 사실이 밝혀졌다. 치기 어린 청년들의 장난이었다. 그 가짜 왕자들 사이에는 여성도 한 명 끼어 있었는데, 그가 바로 소설가 버지니아 울프였다. 울프 남매와 네 명의 친구가 변장을 하고서 영국 해군을 상대로 장난을 친 것이었다.

망신을 당한 영국 해군은 크게 분노했다. 해군은 외무부장관의 이름을 도용하고 해군의 업무에 지장을 초래한 행위를 문제 삼아

공문서 위조와 공무집행방해로 그들을 고발했다.

하지만 영국 정부는 이들을 처벌하지 않았다. 재기발랄한 젊은이들의 장난에 불과한 행위를 처벌한다는 것은 법과 범죄의 개념에 맞지 않는다고 판단했기 때문이다.

만약 우리나라에서 유사한 일이 벌어졌다면 어땠을까? 일어나지도 않은 일의 결과를 알 수야 없지만, "국가방어력에 혼선을 초래한 심각한 반국가적 행위…… (어찌고저찌고)" 하는 거창한 수사법을 동원해서 잔뜩 무게를 잡은 채 기자회견을 하는 국방부 대변인의 모습이 얼핏 뇌리에 떠오른다.

대대로 우리 정부는 실정失政을 비판하거나 조롱하는 국민의 행위에 대해 발끈하는 모습을 자주 보여 왔다. 그러면서 '공권력에 대한 심각한 도전', '사회질서를 어지럽히는 반국가 행위', '국가의 위신을 떨어뜨리는 조직적 범죄' 등의 거창한 수사를 동원하여 사태를 더욱 심각하게 부추기고는 했다.

그런데 나는 국가의 위신 운운하는 정부 대변인의 발표를 보면서, 저런 식으로 발끈하는 게 오히려 국가의 위신을 더욱 떨어뜨리는 것 아닌가 하는 생각을 하고는 했다. 어떤 사람이 '나'를 비난했다고 해서 똑같이 행동하는 것이 과연 옳은가? 왜 정부를 비판하는 대중의 목소리를 자성의 기회로 삼지 않고 매번 저렇게 으르렁거리는가.

나는 우리나라의 정부가 지금보다 조금 더 어른스러워지기를 바란다. 국민의 비판을 귀담아 들을 줄 알고, 왜 그런 비판이 나왔는지를 돌아보기를 바란다. 스스로 조롱의 대상이 되고 있다고 느낄 때는 화를 내기보다는 먼저 부끄러워하기를 희망한다. 현명하고 성숙한 정부를 기대한다.

Chapter 3 불행한 대한민국의 법을 생각하다
법과 일상의 괴리

인류의 역사 속에서 법은 어떻게 탄생했을까?

지구상에 출현한 동물 중에서 인류는 강자가 아니었다. 날카로운 송곳니가 없었고 초원을 수십 킬로미터 속도로 내달릴 만한 스피드도, 상대를 수초 내에 기절시킬 독도 없었다. 하지만 인류는 자기만의 생존방법을 터득했다. 그것은 바로 무리를 이루는 것이었다.

사람이 단둘만 모여도 그 사이에는 계약이 성립된다. 그 첫 번째 계약은 '당신을 해치지 않겠다'는 것이다. 서양식 인사법인 악수가 '내 손에 무기가 없다'는 사실을 확인시키기 위한 행동에서 비롯되었다고 하니, 이 '해치지 말 것'의 전통적이고도 암묵적인 계약은 수십만 년을 관통하며 오늘날까지 이어지고 있는 셈이다.

무리를 이룬 인류는 공동체를 유지하기 위한 약속들을 하나둘 생각해내게 되었다. 그 약속의 가장 근본적인 정신은 '남이 나에게 하지 않기를 바라는 것은 나도 남에게 해서는 안 된다'는 것이었다. 이러한 인식은 원시 도덕으로 자리 잡았다. 하지만 무리가 커지고 일상이 복잡해지면서 인간은 공동체를 유지하기 위해 강제력을 띤 약속이 필요하다는 사실을 깨달았다. 인류 최초의 법은 이렇게 탄생했을 것이다.

오늘날의 법은 단순히 '하지 말아야 할 것'만을 규정하고 있는 것이 아니라, 어떤 행위에 대해서는 '반드시 해야 한다'고 강요하고 있다. 그만큼 현대에 이르러 법의 지배력이 강화되었다. 우리 민족 최초의 국가인 고조선에는 '8조법금'

> **우리나라 법의 가짓수**
> 2012년 3월 31일을 기준으로 우리나라에 존재하는 법은 모두 1,230개다. 법률 조항이 1,230개라는 것이 아니라 서로 다른 법이 그만큼이나 된다. 하위 법령까지 포함하면 4,148개가 된다. 각 시도의 조례는 제외한 것이다.

이라는 법이 있었다. 오늘날에는 3개의 조항밖에 전하지 않지만, 지금으로부터 약 4,400년 전에는 오직 8개의 법조항으로도 충분히 사회질서를 유지할 수 있었던 것이 지금 이 시대에는 왜 이렇게 복잡해져버렸나, 생각하면 씁쓸해진다.

함무라비 법전과 독일 아이들

초등학교 다닐 때는 인류 최초의 성문법전이 '함무라비 법전'이라고 배웠다. 그런데 함무라비 법전은 책이 아니다. 비석이다. 고대 바빌로니아 왕국의 왕이었던 함무라비는 국가의 질서를 유지할 법을 만들어 돌에 새긴 다음 백성들이 볼 수 있도록 왕국의 곳곳에 세워두었다. 함무라비 법전을 이야기할 때 가장 유명한 것이 '눈에는 눈, 이에는 이'라는 문구다. 저지른 만큼 처벌한다는 말이다.

하지만 '인류 최초의 성문법전은 함무라비 법전'이라는 말은 사실이 아니다. 함무라비 법전은 '인류 최초'의 법전이 아니라 그때까지 발견된 것들 중에 가장 오래된 것일 뿐이다. 함무라비 법전보다 훨씬 오래전에 만들어진 성문법의 흔적이 이 지구의 토층 속에 아직 잠을 자고 있을지도 모를 일이다.

실제로 고고학이 발달하면서 함무라비 법전보다 더 오래된 것으로 추정되는 법전들이 나타나기 시작했다. 리피트 이쉬타르Lipit-Eshtar는 함무라비 법전보다 약 200년 앞선 것으로 보고되었고, 우르 이님기나Ur-inimgina와 우르 남무Ur-nammu 법전은 리피트 이쉬타르 법전보다 더 오래된 것으로 추정되고 있다. 함무라비 법전보다 연대가 앞서는 이 세 법전 모두 인류 최초의 문명 발상지인 메소포타미아에서 출토된 것들이다.

리피트 이쉬타르와 우르 이님기나, 우르 남무가 언제 고고학계에 보고되었는지는 모르지만, 내가 독일에서 공부하던 때만 해도 나는 함무라비 법전이 인류의 가장 오래된 성문법전이라고 믿고 있었다. 언젠가 기회가 닿는다면 루브르박물관에 있다는 그 비석을 꼭 보고 싶었다.

2007년 1월, 아주 추운 겨울이었다. 새해를 맞은 독일 예나의 거리는 흥분으로 가득했다. 가게마다 '마지막 세일'이라는 글씨가 적힌 깃발이 펄럭였다. 사람들은 저마다 쇼핑백을 들고서 거리를 분주히 오갔다.

그 무렵 나는 박사 학위 논문을 완성하기 위해서 네덜란드의 헤이그로 가야 했다. 헤이그에 있는 국제형사재판소를 방문해서 그곳의 재판관으로 재임하고 있는 송상현 교수님을 만날 예정이었다. 여행을 계획하며 지도를 살펴보던 중에 네덜란드의 헤이그와 프랑스 파리, 두 도시가 그다지 멀리 떨어져 있지 않다는 사실을 알게 되었다. 그 사실을 알자마자 내 머릿속에 제일 먼저 떠오른 단어는 '함무라비!'였다.

독일에서 유학하는 동안 학교가 있는 도시인 예나를 벗어난 적이 거의 없었다. 다행히 초행길을 법대 친구인 안티야가 동행해주겠다고 했다. 몸무게 100킬로그램의 독일인인 안티야는 그 당시 법대 졸업반이었다. 우리는 파리에 먼저 들른 뒤에 헤이그로 가기로 결정하고는 곧장 파리행 기차표를 끊었다.

낭만의 도시, 파리……. 하지만 새벽에 도착한 파리 기차역은 무척 실망스러웠다. 길은 온통 비둘기 떼가 점령하고 있었고 부랑자들이 새벽 어스름한 여명 속을 몽유병자처럼 돌아다니고 있었다. 안티야와 나는 독일군의 눈길을 피해 숨을 곳을 찾는 레지스탕스처럼

법에 무관심할 때 일어나는 비극

국제형사재판소의 재판관으로 재임 중이던 송상현 교수님과 함께

잔뜩 움츠린 채 호텔로 향했다.

짐만 풀고 곧바로 밖으로 나섰다. 퐁네프다리를 건너고 개선문을 지나서 드디어 루브르박물관에 도착했다. 아직 개장 전이어서 30분 정도 바깥에서 오들오들 떨며 기다려야 했다. 추운 날씨에 이른 시각인데도 입장을 기다리는 사람이 꽤 많았다. 어디선가 반가운 한국말이 들려왔다. 한국인 단체 관광객이었다.

"우리나라 사람들은 루브르박물관 하면 모나리자를 제일 먼저 떠올려."

내 말에 안티야가 대꾸했다.

"그러니? 내 주변 사람들 중에는 함무라비 법전을 보려고 루브르박물관에 다녀온 사람이 많아. 모나리자는 책에서도 쉽게 볼 수 있지만 함무라비 법전은 흔한 게 아니잖아?"

박물관에 입장했다. 나는 맛있는 아이스크림을 아껴 먹는 심정으로 일부러 늑장을 부리며 박물관을 구경하다가 천천히 함무라비 법전이 있는 곳으로 다가갔다.

그때의 감동은 지금도 잊히지 않는다. 아득한 옛날, 한 왕이 백성을 평화롭게 만들고 세상을 다스릴 법을 만들어 세상에 공포했다. 사람들은 광장에 서 있는 그 비석을 보며 자신들이 살아가면서 지켜야 할 약속들을 돌에 새겨진 비문처럼 가슴에 새겼을 것이다. 또 이웃과 갈등을 빚을 때면 당장 그 비석으로 달려가 잘잘못을 따졌을 것이다. 함무라비의 법은 비를 맞고 서리를 맞으면서 묵묵히 자기 자리를 지켰다. 그 시대에 법은 모두의 것이었다.

　나는 박물관 직원의 눈을 피해서 품에 가지고 간 카메라로 그 비석을 찍었다. 지금도 간직하고 있는 나만의 함무라비 법전이다.

　어느새 주위가 약간 소란스러워져 있었다. 초등학생 정도 되어 보이는 아이들이 함무라비 법전을 중심으로 앉거나 서서 함무라비 법전을 올려다보고 있었다. 인솔 교사가 아이들 등 뒤에서 조곤조곤한 말투로 함무라비 법전에 대해서 설명했다. 내 귀에 들려온 말은 독일어였다.

　'저 조그만 아이들이 이 비석의 의미를 알까?'

　궁금증이 생겨서 인솔 교사에게 물었다.

　"이 어린 아이들을 데리고 독일에서 여기까지 오신 거예요?"

　"네, 어제 파리에 도착했어요. 지금 이 순간이 이번 여행의 하이라이트입니다."

　"그래요? 그런데 이 아이들…… 법을 알기에는 아직 이르지 않나요?"

　나는 가볍게 농담을 던진 거였는데, 인솔 교사는 별 해괴한 소리 다 듣겠다는 표정을 지어 보였다.

　"아무리 어려도 알 건 알아야 하지 않나요? 법은 이 아이들이 태어나서 눈을 감는 그 순간까지 아이들의 삶에 가장 큰 영향을 미치는 것이니까요."

불행한 대한민국의 법을 생각하다

루브르박물관에서 몰래 찍은 함무라비 법전이다.
작은 사진은 비석의 상단에 조각된 부조다.

법전이 생필품이라고?

　독일 사람들의 '법 사랑'은 세계적으로 정평이 나 있다. 우리나라의 일반 가정 중에 법전을 소장하고 있는 집이 몇이나 될까? 반면에 독일 사람들은 집집마다 법전을 비치해두고 있다. 그냥 서재를 장식하려고 꽂아둔 것이 아니라 시시때때로 생각이 나고 필요할 때마다 꺼내서 본다. 독일에 머무는 동안 나는 이 나라 사람들이 법전을 마치 휴대폰 쓰는 것처럼 간단히 활용하는 장면을 여러 번 목격했다.

　하루는 독일인 친구네 집에 놀러갔다. 이 친구가 며칠 전 자기네 집 담장에 금이 갔는데 수리할 사람의 스케줄이 바빠서 손을 쓰지 못하고 있다는 이야기를 했었다. 그런데 하필 내가 놀러간 그날, 거짓말처럼 담장이 와르르 무너지고 말았다. 온 식구가 부리나케 달려 나갔다. 그러고는 다친 사람이 없는지부터 확인했다. 그런데 조금 뒤늦게 집 밖으로 달려 나온 친구 어머니의 손에 법전이 들려 있었다. 친구의 어머니는 공부를 많이 한 것도 아닌 그냥 평범한 주부였다. 그런데도 지금 자기 집에서 벌어진 이 사건이 어떤 법률에 저촉되는지 그것부터 확인하고 있었다. 독일에 간 지 얼마 되지 않아 겪었던 이 일은 대단히 충격적이었다.

　또 다른 한 친구는 어머니가 복사 가게를 했다. 조그만 공간에 복사기 한 대 들여놓고 드문드문 찾아오는 손님을 상대하는 조그만

불행한 대한민국의 법을 생각하다

필자가 공부한 독일의 예나 대학교

가게였다. 손님이 뜸할 때 친구의 어머니는 항상 법전을 펼쳤다. 하루는 내가 법전이 재미있냐고 물었더니, 시간 날 때 미리 읽어두면 나중에 써먹을 수 있지 않느냐고 대답했다.

독일 사람들이 이렇게 법전을 가까이 할 수 있는 데는 다 이유가 있다. 가격이 엄청 싸다. 내가 독일에 있던 때나 지금이나 똑같다. 웬만해서는 값이 안 오른다. 왜냐하면 누구나 구비해야 하는 '생필품'이니까. 독일은 물가가 싼 편이 아닌데도 생필품만큼은 싸다. 그래서 법전도 싸다.

또 독일의 법대에서는 한 학기에 한 번씩 책을 도서관 밖으로 방출한다. 새 책을 구입하면서 헌 책은 주민들에게 무상으로 나누어 준다. 이 날이 되면 도서관 주변은 북새통을 이룬다. 일종의 축제다. 우리나라 같으면 폐지가 되고 말 것들이 독일에서는 최고 인기 품목이다. 처음 이 일을 접하면서 법학개론 같은 책들을 어디 써먹으려고 가져가시느냐고 한 아주머니에게 물어보았다. 그랬더니 도리어 아주머니 쪽에서 놀라면서 나에게 되물었다.

"법이 곧 생활인데, 계속 알아나가야 되지 않겠어요?"

어느 날 이수해야 할 과목의 학부 수업에 나이 지긋한 노신사 한 분이 들어왔다. 수업 때마다 관심이 가서 지켜보다가 혹시 이 학교에 다니는 학생이냐고 물었다. 이야기를 나누고 보니 고등학교에서 아이들을 가르치다가 얼마 전에 정년퇴임을 했다고 했다. 퇴임한 뒤 시간이 많이 남아서 법대에 들어왔다고 했다. 법을 제대로 알아야 남은 인생을 편하게 살 수 있기 때문이라고…….

법이 삶의 모습과 사고의 틀을 만든다

우리나라 사람들은 '법' 하면 송사訟事부터 떠올린다. 그 때문인지 법은 멀리할수록 좋은 것이라고 여겨왔다. 독일 사람들이 법을 알아야 삶이 편리해진다고 생각하는 것과는 전혀 딴판이다. '법 없이도 살 사람', '법원 근처에는 얼씬거리지도 말라' 등, 어른들이 자주 하는 말에서도 알 수 있듯 우리네 전통사회에서 법은 부정적인 인상이 강했다. 게다가 법은 대단히 권위적이고 힘이 강해서 "배째!" 하고 강짜를 부리던 사람도 법조문을 조목조목 열거하는 사람 앞에서는 슬슬 꼬리를 내린다.

법과 관련해서 떠오르는 이미지들도 대부분이 부정적인 것들이다. 법복을 입고서 위엄을 조장한 채 높은 자리에 앉아 있는 판관들, 재판정의 무겁고 숨 막히는 분위기, 새된 소리로 추궁하는 검사, 포승줄에 묶인 채 호송차에 오르는 죄수들, 삼엄하게 경비가 서 있는 웅장한 건물들…….

예나에서 유학할 때의 일이다. 학교로 가는 길목에 사람들이 왕래하는 작은 터널이 하나 있었는데, 그 터널과 붙은 건물에 정장을 말끔하게 차려입은 사람들이 드나드는 것을 여러 번 목격했다. 겉보기에는 일반 가정집과 다름없어 보이는 건물에 웬 신사들이 그렇게 드나드는지 항상 궁금했다. 그 건물 벽은 아이들이 장난으로 해놓은 스프레이 낙서로 온통 얼룩져 있었고, 건물 현관도 성인 한 사람이 겨우 들어설 수 있을 만큼 비좁았다. 그런데도 건물의 외양에 어울리지 않게 그곳을 드나드는 사람들이 범상치 않아 보여서 관심을 두었던 것이었다. 나중에 그 건물이 어떤 곳인지 알고 난 뒤에 나는 깜짝 놀랐다. 그 건물은 예나와 주변 지역을 관할하고 있는 검찰의 청사였다. 우리나라 대부분의 법 관련 '청사'들이 왠지 함부로 드나들면 안 될 것 같은 느낌을 주는 반면 예나의 검찰청사는 여느 건물들과 마찬가지로 소박하고 편안했다.

함부로 드나들 수 없는 곳, 이것이 바로 우리나라의 법 관련 건물들이 우리 국민들에게 심어놓은 인상이다. 이렇듯, 우리 국민이 법에 대해서 두려운 인상을 갖게 된 것은 법과 관련된 기관과 조직, 구성원들이 심어놓은 이미지의 영향이 크다.

밀림에서 혼자 살아가지 않는 한 사람은 누구나 법의 지배를 받는다. 남한테 폐 끼칠 일 없어서 자신은 법과 무관하다고 생각하는 사람들이 많지만, 그들도 매 순간 법의 테두리 안에서 살아갈 수밖에 없다. 시쳇말로, 법망을 피할 길이 없다.

물건을 구입하는 행위에도 법이 적용된다. 커피 한 잔을 구입하는 행위에도 상거래법이 적용되고, 횡단보도를 건널 때도 그 행위에는 법이 적용되고 있다. 지하철을 타는 것, 영화를 보는 것, 학교에

불행한 대한민국의 법을 생각하다

독일 사람들은 법을 가까이하고 있다.
"법은 모든 국민을 위한 것이어야 하지 않니?"라는 말로
나에게 작은 충격을 주었던 필자의 독일 친구들이다.

다니는 것, 운전을 하는 것 등등 거의 모든 일상에서 우리는 법이 정한 규칙을 따라 움직이고 있다.

법은 우리의 일상을 규정할 뿐만 아니라, 생각도 지배한다. 한 가지 예를 들어보자. 1970년대 후반까지만 해도 열차나 고속버스의 좌석에는 재떨이가 비치되어 있었다. 먼 길을 가는 동안에 심심하고 따분할 테니 담배라도 피우면서 가라는 운송업체의 배려였다. 끽연가들은 달리는 열차와 버스 안에서 태연하게 줄담배를 피웠다. 옆좌석에 앉은 초등학생이나 아가씨들도 그걸 당연하게 받아들였다. 갓난아이를 안고 있는 젊은 엄마도 마찬가지였다. 객차 안을 담배연기가 자욱하게 뒤덮어도 누구 하나 불평하는 사람이 없었다.

그런데 그로부터 30년이 조금 지난 지금은 어떤가? 열차나 버스 안에서 담배를 피우면, 벌금 내기 전에 일단 욕부터 바가지로 듣는다. 재수 없게 휴대폰 카메라에 찍히기라도 하면 다음 날 곧바로 '지하철 담배男 또는 女'에 등극해서 전국적인 유명세를 탄다. 담배연기를 휘날리면서 길거리를 걸어가는 사람도 이제는 보기 드물다. 옥외에 있으면서도 끽연가들은 흡연 장소를 찾아 이 골목 저 골목 후미진 곳으로 숨어들어야 한다. 버스 기다리면서 느긋하게 담배 한 대 피우던 호시절은 다 지나갔다. 이 모든 것이 실내와 공공장소에서 흡연을 금하는 법이 생겼기 때문이다. 담배연기로 인한 간접흡연이 해롭다는 사실은 법이 있을 때나 없을 때나 마찬가지지만, 법이 생김으로 인해서 대중은 담배의 해악을 더욱 절실하게 깨닫게 되었고, '금연'이 사회 트렌드로 자리 잡게 된 것이다. 금연에 관한 대중적 인식의 전환을 가져온 것은 흡연을 제한하는 법에서부터 비롯되었다. 이와 같이 법이 우리 사고의 틀을 규정하는 현상은 여러 분야에서 어렵지 않게 접할 수 있다. 현대인들 모두가 '법 없이는 살아갈 수 없는' 사람들인 것이다.

어려운 법조문이 법맹(法盲)을 만든다

법이 가진 권위와, '형벌'이라는 부정적인 이미지 외에 우리나라 사람들이 법을 가까이하기 힘들어하는 또 하나의 이유는 법조문 자체가 해석하기 힘든 문장으로 씌어 있다는 점이다.

2010년 초 MBC의 대표 예능 프로그램인 〈무한도전〉은 법과 관련한 특집을 마련했다. 그날 멤버들은 일종의 '사법고시'를 치렀는데, 시험은 '오픈 북'으로 진행되었다. 법전을 옆에 두고서 성우가 내는 질문에 답하는 형식이었다. PD가 오픈 북으로 시험을 진행하겠다고 하자, 한 멤버가 "에이, 그러면 다 풀지"라고 말한다. 하지만 법전을 펼쳐본 뒤에 멤버들은 난감해한다. 법조문이 온통 한자로 적혀 있어서 제대로 읽지도 못했기 때문이다.

드디어 시험이 시작되고 성우가 질문을 읽는다. 분명히 한국말인데, 알아들을 수가 없다. 그러자 멤버 중의 한 명이 성우의 발음에 이상이 있는 것 아니냐며 따진다. 〈무한도전〉 PD의 의도가 무엇이었는지는 정확히 알 수 없지만, 그 장면은 우리나라의 법조문이 일상의 문장과 얼마나 크게 괴리되어 있는지를 단적으로 보여주었다.

다음 법조문을 읽어보자.

> 동시 또는 이시의 독립행위가 경합한 경우에 그 결과발생의 원인된 행위가 판명되지 아니한 때에는 각 행위를 미수범으로 처벌한다.

우리나라 「형법」 제19조에 명시된 '독립행위의 경합'과 관련된 조문이다. 법조문만 보아서는 도무지 무슨 말인지 알 수가 없다. 물론 이 조문은 법률과 무관할 대부분의 독자들께서 이해하기 특히 어려울 것으로 판단되는 문장을 '악의적으로' 골라낸 것이다.

이 법조문이 의미하는 바를 설명하기 위해서는 제법 긴 예시를 들어야 한다.

A와 C 사이에 시비가 붙었다. 나이가 많고 덩치가 큰 A가 C를 일방적으로 때렸다. A의 친구인 B가 두 사람을 말렸지만, 결국 C는 A의 폭행에 깊은 상처를 입었다. 싸움을 말렸던 B는 집으로 돌아가던 중에 나이 어린 C가 자신에게도 욕설을 퍼붓고 주먹을 휘둘렀던 사실에 뒤늦게 분노가 치밀어 싸움이 일어났던 장소로 되돌아갔다. 그러고는 이미 쓰러져 있는 C에게 몇 차례 발길질을 했다. 그런데

일주일 후 C가 사망했다.

'독립행위의 경합'이란, 2인 이상의 사람이 사전에 약속하거나 계획하지 않고 같은 대상에게 같은 시각 동시, 同時 또는 시간차를 두고 이시, 異時 범죄행위를 저질렀을 때, 그 결과에 대한 책임이 누구에게 있는가를 따지는 것이다. 위에 든 법조문은 C의 사망원인이 A의 폭행에 의한 것인지, 아니면 B의 발길질에 의한 것인지 분명하게 밝혀지지 않을 때에는 A와 B 각각의 행위에 대해서 미수범으로 처벌한다고 명시하고 있다. 이렇게 설명을 듣고 나면 독자 여러분께서도 조금은 이해가 될 것이다.

우리나라 법조문은 과도하게 한자어를 많이 쓰고 있다. 한자어를 쓸 경우, 짧은 단어 속에 비교적 긴 의미를 담을 수 있어 법률 문장을 경제적으로 사용할 수 있다는 장점이 있지만, 법률 조문을 접하는 일반 국민들이 그 뜻을 쉽게 파악하지 못한다는 폐해가 크다.

> **미수범**
> 범죄를 저지를 목적으로 어떤 일을 시작했지만, 그 일을 끝내지 못했거나 결과가 발생하지 않았을 때의 범죄 또는 범인을 이르는 말이다. 우리 형법에서는 미수범에 대해서 다음과 같이 규정하고 있다.
>
> **형법**
> 제25조(미수범)
> ①범죄의 실행에 착수하여 행위를 종료하지 못하였거나 결과가 발생하지 아니한 때에는 미수범으로 처벌한다.
> ②미수범의 형은 기수범보다 감경할 수 있다.
>
> 그렇다고 해서 실제로 범죄행위를 하여 결과를 발생시킨 기수범보다 미수범에 대해서 반드시 관대한 것은 아니다. 위 조문의 제2항은 '감경할 수 있다'는 말로 감경에 대한 가능성만을 열어두고 있다.

우리 법률에 한자어 사용이 많은 것은 일본의 법률을 모델로 삼았고, 법률을 만들던 당시 사회의 지식인층이 한자를 즐겨 사용했기 때문이다. 한자투성이의 법률 조문들은, 국민 대중이 한자를 사용하는 빈도가 차츰 줄어드는 동안에도 손질이 되지 않은 채 그대로 내려왔다. 이해하기 난해한 법률 조항들은 법 전공한 사람들 사이에서만 통용되고 유통되는 '암호' 내지는 '외계어'로 국민 대중과 점점 멀어졌던 것이다.

다행스러운 일은, 2006년부터 2010년까지 5년 동안 법제처의 주도하에 정부가 법률 조문을 일반 국민들이 이해하기 쉬운 문장으로 옮기는 작업을 진행했다는 사실이다. 이 작업을 통해 모든 법령문은 한글로 표기하게 되었고 이 작업을 하기 전의 우리 법전에는 조사와 접미사, 순 우리말을 제외한 모든 단어가 한문으로 표기되어 있었다, 정확하고 알기 쉬운 우리 말로 정리되었다. 그리고 어색한 문체나 번역체 문장을 일상생활에서 사용하는 친숙하고 매끄러운 문체로 다듬는 작업도 진행되었다. 정부의 이런 노력 덕분에 과거에 비해 법과 국민 사이의 간격이 많이 좁혀지기는 했지만 아직도 만족할 만한 수준은 아니다. 법전에서 한자를 퇴출시키기는 했지만 아직도 대부분의 용어는 한자어로 표기되어 있어서 여전히 국민들은 법률 관련 기관에서 사용하는 어투와 문장에 괴리감을 느끼고 있고, 특히 하나의 단어가 여러 가지 의미를 지니는 한자어의 특성상 민감한 사안에 대해서 의미 해석이 달라질 수 있다는 문제는 아직도 존재하고 있다.

고대와 중세의 기독교 사제들은 평민들이 성경을 보는 것을 꺼렸다. 평민 이하의 계급이 눈이 밝아지는 것을 두려워했던 까닭이다. 그래서 성경은 죄다 라틴어로 씌어 있었고, 평민 계급은 사제들이 일방적으로 선택해서 들려주는 성경구절과 극히 일부의 내용만 알 수 있었다.

  과거의 나쁜 군주들은 백성을 굳이 문맹文盲에서 구하려 하지 않았다. 어리석은 백성은 그만큼 다스리기가 편했기 때문이다. 대한민국 국민과 대한민국 법을 멀어지게 할 의도가 아니라면, 사법기관과 행정기관에서 법을 다루는 사람들은 습관처럼 굳어진 '법률적 어투와 문장'을 자제하고 일반 국민들이 보다 알기 쉬운 말투와 문장을 써야 한다. 이와 함께 법률을 보다 알기 쉽게 고치는 작업도 꾸준하게 진행해야 한다. 법을 온 국민이 즐기는 '베스트셀러'로 만드는 작업은 법률 전문가들로부터 시작되어야 한다.

  이해하기 어려운 법조문이 법맹法盲을 만든다.

법에 무관심할 때 일어나는 비극

Chapter 4 법치국가에서는 악법도 법이 된다
권익을 보호하는 법, 권익을 해치는 법

'준법정신! 법치국가!'

어릴 때부터 지겹도록 들어온 말이다. 우리나라는 국가의 행정력이 법이 정한 대로 시행되는 나라이며, 국민은 법을 준수해야 한다는 이 가르침은 어느 누구도 이의를 제기할 수 없는 불문율이다.

그런데 다음 문장을 한번 보자.

> 장난이라 하더라도 개 앞에서 인상을 써서는 안 된다. 개 앞에서 인상을 쓰면 벌금형을 받거나 구속될 수 있다.

> 남편은 한 달에 딱 한 번 아내를 때릴 수 있다.

마늘을 먹은 지 4시간이 지나지 않았을 때는 영화나 연극을 보러 갈 수 없고 대중교통을 이용하는 것도 금한다.

키스를 할 수는 있지만 5분을 넘겨서는 안 된다.

사람이 이로 누군가를 물면 일반 폭행에 해당되지만, 틀니로 물면 가중처벌을 받는다.

이게 뭔지 의아한 분이 많을 것이다. 위의 문장들은 현실적 강제력을 지닌 실제 법률이다. 이 허무맹랑한 내용이 법이라는 사실이 쉽게 받아들여지지 않을 것이다. 그러면 이런 생각을 하게 될지도 모른다. 혹시 아직 법률체계가 제대로 갖추어지지 않은 후진국의 법인가?

위의 법률들은 미국의 법이다. 실제로 미국의 오클라호마 주에서는 개 앞에서 인상을 쓰면 안 되고, 아칸소 주에서는 한 달에 한 번 아내를 때려도 되고, 인디애나 주에서는 마늘을 먹고 4시간이 지나지 않으면 공공장소에 갈 수 없고, 아이오와 주에서는 키스를 5분 넘게 해서는 안 되며, 루이지애나 주에서는 틀니로 사람을 물면 가중처벌을 받는다.

이뿐만이 아니다. 프랑스에서는 돼지를 나폴레옹이라고 부르는 것이 금지되어 있다. 그리고 대부분의 국가가 용의자에 대해 무죄

추정원칙을 적용하고 있지만, 스코틀랜드에서는 용의자가 자신의 무죄를 입증하기 전까지는 유죄로 추정한다. 중국에는, 대학에 가기 위해서는 반드시 똑똑해야 한다는 법률 조항이 있다.

자, 이런 법률들을 대하면서 어떤 생각이 드는가?

법을 공부하는 동안 나의 상식으로는 이해가 되지 않는 외국의 법률들을 접하면서 혼란을 느낀 적이 많았다. 법이란, 인류의 오랜 고민과 합의의 산물이라는 믿음을 가지고 있었던 나에게 해외의 독특한 법률들은 보기 좋게 감자를 먹이고 있었다. 법에 대해서 일종의 결벽증을 가지고 있던 시간이 지나고 난 뒤에 내가 깨달은 것은 이것이었다.

'법은 진리가 아니다.'

법이 항상 옳은 것은 아니다

오래전에 이런 사건이 있었다. 자식을 따라 미국으로 건너간 우리나라의 할머니 한 분이 공원에서 놀고 있는 백인 사내아이를 보았다. 아이는 일광욕을 하던 중이었는지 발가벗고 있었다. 할머니는 아이가 하도 귀여워서 "그놈 고추 봐라" 하면서 아이의 성기를 툭 건드렸다. 이 일로 할머니는 고소를 당해서 법정에 섰다. 죄명은 아동 성추행이었다.

당시 이 일이 한국에 전해지자, 난리가 났다. 그깟 일로 할머니를 범죄자로 만든 미국의 처사를 비난하는 여론이 들끓었다. 그러면서 한편으로는, 우리나라에서는 해도 되는 어떤 일이 미국에서는 하면 안 되는 일이 될 수도 있다는 사실을 알게 되었다.

지극히 당연하고도 당연한 말이지만, 법은 진리가 아니다. 진리란 때와 장소를 불문하고 항상 옳은 것이지만, 법은 때와 장소에 따라 옳은 것이 될 수도 있고 그른 것이 될 수도 있다. 오히려 로마에 가면 로마의 법을 따라야 한다는 것이 진리에 가깝다.

앞서 법이 우리 사고의 틀을 형성한다고 얘기했는데, 미국 오클라호마 주의 정의로운 주민들은 누군가가 개를 노려보고 있으면 큰일 날 일이라고 뜯어말릴지도 모른다. 미국 인디애나 주의 준법정신 강한 사람은 마늘의 유혹을 참지 못하고서는 4시간 동안 스스로를 감금할지도 모른다. 그들에게는 그것이 '옳은 일'이기 때문이다.

하지만 법이 잘못되었다는 사실을 깨닫고 스스로 법을 지키기를 거부한 사람들이 있었다. 대표적인 사례가 우리나라의 독립투사들이다.

일제강점기에 우리나라의 법은 일제의 입장에서 재편되었다. 따라서 법치주의 원칙에서 생각하자면, 친일파와 일제 앞잡이들은 오히려 준법정신이 투철한 사람들이었고 독립투사들은 법치주의에 도전하면서 사회질서를 무너뜨리는 불순세력이었다. 미풍양속을 단속한다는 취지에서 이 무렵에 만들어진 경범죄 법령들은 공권력이 국민의 일상에 간섭하는 빌미를 제공했지만, 그것들 역시 현실적 강제력을 지닌 엄연한 법이었다.

사례는 차고 넘친다. 독일을 지배한 나치가 만든 법은 유대인 대학살에 정당성을 부여했다. 군사독재 시절의 야간통행금지령은 반정부 세력의 비밀결사와 회합을 봉쇄하려는 장치였다. 장발과 치마 길이 단속은 어땠는가? 이처럼 우리의 지난 역사는 법이 국민을 억압하고 부당한 권력을 옹호하는 도구로 이용될 수 있음을 보여준다. 그러면서 권력자들은 '법은 옳은 것'이라는 메시지를 주입하고 각종 캠페인과 정신교육을 통해 국민을 세뇌시킨다.

법에는 양심이 없다

법이라는 단어를 국어사전에서 찾아보면 '국가의 강제력을 수반하는 사회 규범. 국가 및 공공기관이 제정한 법률, 명령, 규칙, 조례 따위이다'라고 뜻풀이를 하고 있다. '대한민국의 주권은 국민에게 있고, 모든 권력은 국민으로부터 나온다'는 대한민국 「헌법」 제1조에 의하면, 이 뜻풀이에서 말하는 국가는 곧 국민이 되어야 한다. 국민 개개인 대다수의 공통된 의지와 상식에 의해 법이 만들어지고 집행되어야 한다는 말이다.

> **대한민국 헌법**
> 제1조
> ① 대한민국은 민주공화국이다.
> ② 대한민국의 주권은 국민에게 있고, 모든 권력은 국민으로부터 나온다.

법치국가에서는 악법도 법이 된다

그런데 합리와 이성의 시대라는 오늘날에도 일부 국가에는, 왕정 시대에 절대적 권력을 누리면서 '짐이 곧 국가다'라고 말했던 프랑스의 루이 14세처럼, 국가를 권력층 혹은 자기 자신으로 착각하는 지도자들이 있다. 이들 나라의 국민들은 고통스러운 삶을 이어가고 있다. 그런데 이 지도자들이 국민을 지배하는 장치와 도구가 바로 '법'이다. 법이 이러니까 너희는 이대로 따라야 한다고 강요한다. '국가＝국민'의 원칙이 '국가＝권력' 또는 '국가＝기득권층'으로 변질될 때 어떤 불행이 닥치는지를 이들 독재국가들이 보여주고 있다.

하지만 부당한 법으로 인해 국민들이 고통받는 것이 비단 독재국가나 경찰국가에서만 일어나는 일은 아니다. 과거에 비해 민주주의가 성장하고 발달했다는 현대의 대한민국에서도 잘못된 법으로 인해 국민이 고통받을 가능성은 충분히 있다. 이러한 오류의 가능성을 최소화하기 위해 우리나라는 국회라는 국민의 대표 기관을 두고 입법권과 의결권을 부여했다. 법률과 유사한 효력을 갖는 대통령령을 제외하고는 어떠한 법률도 국회를 거치지 않으면 효력이 발생되지 않는 것이다. 따라서 모양새만 놓고 생각하면 모든 법률이 국민의 동의로 발효되는 것처럼 보인다 대통령령도 그 성격에 따라서는 국회의 승인을 얻어야 한다.

하지만 최근에 만들어진 법률들이 언제, 누구에 의해, 무슨 이유로, 어떻게 만들어졌는지를 아는 국민은 드물다. 법률을 입안하기 전에 공청회를 여는 경우도 있지만, 법안과 관련된 정보는 정부와 국회의원들이 거의 독점하고 있다. 일반 국민이 그 정보에 접근할 수 있는 경로는 대단히 폐쇄적이다. 사회적으로 문제가 될 소지가 있거나 국민의 관심이 높은 법안에 대해서는 입법 예고를 하고 공청회를 열기도 하는데, 이 공청회라는 자리가 요식행위에 지나지 않거나 새로운 법률이 발효되면 이득을 볼 사람들을 박수부대로 동원해서는 그 사람들이 마치 국민 대다수의 의견을 반영하는 대표성을 지닌 것처럼 꾸미기도 한다.

밀실법안도 문제다. 밀실법안이란, 잇속이 부합하는 몇몇 정치인이나 이해관계가 얽힌 정부와 정당이 사회적으로 민감한 사안에 대해 여론을 수렴하는 공론화 과정을 거치지 않고 발의하는 법안을 말한다. 이런 법안 역시 결국에는 국회의 의결 과정을 거쳐야 발효가 되지만, 의석을 다수 차지하고 있는 정당 소속의 국회의원들이 몰표를 던지면 통과될 수밖에 없다. 또 때로는 '재적의원 과반수의 출석과 출석의원 과반수의 찬성'이라는 가결 조건만 충족시키면 되기 때문에 의석의 과반수를 차지한 정당이 법안 통과를 반대하는 정당의 국회의원들 몰래 졸속으로 법안을 통과시키기도 한다.

충분한 검증을 거치지 않거나 국민의 여론을 수렴하지 않은 근시안적인 법률도 일단 발효되면 강제성을 지닌다. 하지만 법 자체에는 양심도 도덕도 없기 때문에 어떤 사안이나 현상에 잣대를 들이대면서 법은 그 잣대가 그른지 옳은지 판단하지 않는다. 법의 양심은 법을 만드는 사람에게서 비롯된다. 법을 만드는 사람의 양심이 그릇되면 잘못된 법이 만들어진다.

악법도 법이다?

한 번 만들어진 법의 효력은, 국민들이 그것이 잘못되었다고 성토한다고 해서 당장 사라지지 않는다. 헌법재판소에서 위헌결정을 내리거나 국회에서 법률을 폐지해야 효력이 상실되는데, 법률을 폐지하는 과정 역시 법안을 상정하는 과정과 동일하게 진행되기 때문에 이때 또 다시 법이 계속 존재하기를 바라는 입장에 있는 다수의 국회의원들이 저지하려고 나선다면 법률 폐지는 불가능하다.

고대 그리스의 철학자 소크라테스가 부당하게 사형을 당하면서 남겼다는 '악법도 법이다'라는 명언을 귀가 따갑도록 들으면서 자랐다. 이 명언은 국가가 법 잘 지키는 국민을 양성하는 최상의 슬로건이었다. 그런데 역사의 어디에도 소크라테스가 이 말을 했다는 기록은 없다. 다만 탈옥을 권유하는 친구에게 소크라테스가 한 말"자네는 라케다이몬이나 크레테의 법률을 훌륭하다고 칭찬했지만 그곳을 택하지는 않았네. 자네는 소경이나 불구자보다 더 아테네를 떠나지 않고 머물러 있지 않았나? 그처럼 자네는 어느 다른 아테네 사람보다도 이 나라와 국법을 사랑한 것이 아닌가.", 플라톤이 쓴 『크리톤』에 나오는 내용을 일부 각색했다에서 유사한 의미를 찾을 수 있을 뿐이다. 어쨌든 '악법도 법이다'라는 명제는 비록 법이 잘못되었다 하더라도

독일 서점의 서가를 차지하고 있는 법전들. 하얀색 책이 모두 법전이다.
대형 서점도 아니고 법전 전문 서점도 아닌 그냥 동네 서점이다.

국민은 무조건 그 법에 복종해야 한다는 의식을 심어놓았다. 그런데 정말 악법도 법일까? 부당하게 권리를 제한하고 의무를 강요하는 법을 과연 법이라고 할 수 있을까?

법을 '이유 불문하고 무조건 따라야 하는 사회 규범'이라고 정의한다면 악법도 법이 맞다. 하지만 법을 '사회질서를 유지하고 개인의 권익을 보호하기 위한 사회적 계약'이라고 정의한다면 악법은 결코 법이 될 수 없다. 하지만 현실에서는 법 같지 않은 법이라도 지키라고 강요한다. 지키지 않으면 처벌이 뒤따른다. 악법은 분명 법이 아니지만, 현실에서는 강력한 힘을 발휘한다. 악법일수록 그 힘은 더욱 강해진다.

악법이 만들어지는 경우는 크게 두 가지로 생각할 수 있다. 하나는 충분한 고민과 검증을 거치지 않고 근시안적으로 만들어서 오히려 불편을 초래하게 되는 경우이고, 다른 하나는 특정 계층과 집단의 독점적 이익이나 권한을 보호하려는 악의적인 의도에서 만들어지는 경우다.

첫 번째 경우는 의도는 좋았으나 나쁜 결과를 초래하게 되는데, 앞에서 살펴본 것처럼, 특히 '특별법'이라는 이름으로 제정된 법률들 중에는 법체계에 혼란을 주고, 근면하고 성실하게 살아가는 시민을 한순간에 범죄자로 만들 수 있는 법률들이 많다. 나는 이 법률들을 가리켜 '마이너스 법률', '범죄 유발성 법'이라고 부른다.

두 번째 경우는 의도와 결과 둘 다 불량하다. 대부분의 독자들께서는, 이와 같은 악법이 만들어진 것은 군사독재 시절에나 있었던 일이라고 생각할지도 모른다. 하지만 결코 그렇지 않다. 지금 이 시각에도 모종의 집단이 자기네의 독점적 이익을 보호할 장치와 구실로서 어떤 법률안을 기획하면서 자신들의 입장을 대변할 정치인을 물색하고 있다. 이런 법률안들은 겉으로 보기에는 그럴싸하지만, 그 이면에서는 국민 대다수에게서 빼앗은 권익을 특정 소수에게 몰아주는 형태를 취한다. 이러한 악법을 만드는 이들에게 법은 통치의 수단이고 자기네의 이익을 보호하는 장치일 뿐이다. 그래서 그 법이 얼마나 정당한가에 대해서는 관심을 갖지 않는다.

대한민국은 법치국가다. '법치국가'라는 말이 대단히 훌륭한 것처럼 들리지만 꼭 그런 것만은 아니다. 법치주의, 법치국가라는 말에는, 아무리 잘못 만든 법이라도 국민은 일단 그 법에 따라야 한다는 전제가 깔려 있다. 때문에 법치국가에서는 악법도 법이 된다!

내가 이 책을 쓴 이유가 여기에 있다. 법을 알아야 한다. 국민이 법에 무관심할 때 법은 우리의 목을 조르는 올가미로 돌변한다. 악법이 성행하는 법치국가는 경찰국가나 독재국가와 다를 바 없다.

법을 준수하는 것이 국민의 의무이지만, 법을 감시하는 것 역시 국민의 의무다. 법은 모든 것을 통제하는 무소불이의 권력이 아니라, 우리 자신의 권익을 보호하고 지키기 위해 우리 스스로가 만들고 약속한 규범이라는 사실을 잊어서는 안 된다. 정치인들이 보편적인 상식을 갖고 법을 만들고 있는지, 또 그것이 올바른 이성과 판단

아래에 집행되고 있는지 관심을 기울일 때 법은 비로소 국민의 편에 선다. 이 의무를 소홀히 할 때 법은 강자의 편에 서서 대다수의 약자를 지배하는 '강자의 논리'를 보호하는 장치가 된다.

독일의 법학자 예링 Rudolf von Jhering은 자신의 저서 『권리를 위한 투쟁』에 '권리 위에 잠자는 자, 보호받지 못한다'는 유명한 말을 남겼다. 아무것도 하지 않은 채 가만히 있어서는 자신에게 주어진 권리를 모두 누릴 수 없다는 뜻이다. 마찬가지로 우리가 아무것도 하지 않으면 법은 소수 강자의 논리와 이익을 대변하는 도구로 변질될 수 있다. 권리를 위한 투쟁은 오늘날까지도 유효한 삶의 방식 중 하나인 것이다.

법치국가에서는 악법도 법이 된다

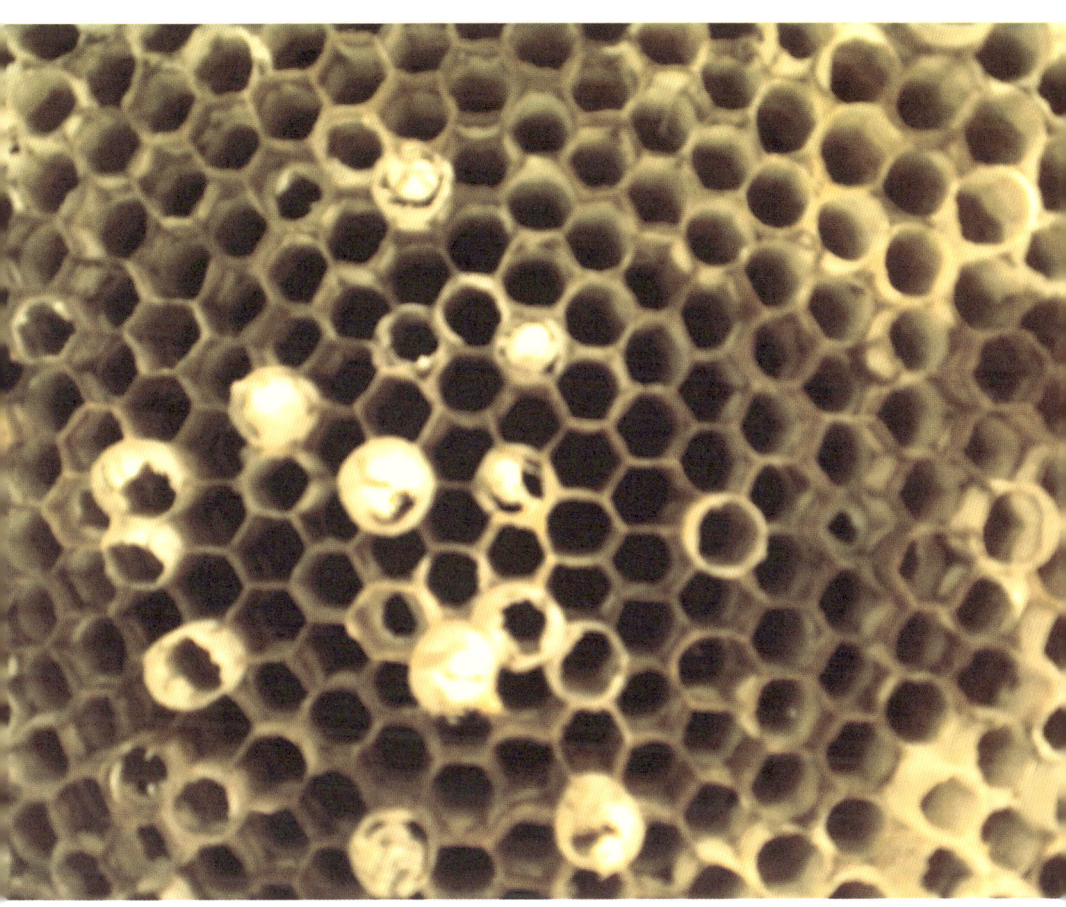

꿀벌들의 집을 보고 있으면 질서와 규칙의 신비로운 힘이 느껴진다.

Epilogue

그래도 나는 법에게 희망을 걸어본다

　2008년, 국방부가 불온서적 리스트를 발표하면서 출판계에 일대 호황을 불러일으킨 적이 있다. 국군 장병들의 건전한 정신과 사상에 해악을 끼칠 수 있는 책들의 리스트를 국방부가 발표했는데, 오히려 서점가에서는 이 책들이 죄다 베스트셀러에 오르는 진풍경이 펼쳐진 것이다. 그래서 어느 출판사의 사장은 "왜 우리가 만든 책 중에는 불온서적 하나 없냐"며 불평을 터뜨리기도 했다고 한다.

　이 '불온서적 베스트셀러 열풍'은 정부에 대한 국민의 불신이 구체적인 행동으로 나타난 현상 중의 하나였다. 정부가 반대하고 감추려고 하는 것에 오히려 진실이 숨어 있을지도 모른다는 가정이 그와 같은 집단행동으로 나타난 것이다.

지난 몇 년 전부터 우리 사회는 갖은 대립과 갈등으로 몸살을 앓고 있다. 이데올로기의 대립과 갈등은 어느 나라, 어느 사회에나 존재하는 문제이지만, 우리나라에서는 지금 '내 편이 아니면 적이다'라는 식의 극단적인 이분법에 의해 편 가르기가 진행되고 있다. 표면적으로는 보수와 진보, 좌파와 우파의 대립으로 보이지만, 사실 그것은 스스로 선택한 자신의 이념적 정체성이 아니라 상대방에 대한 반대급부 내지는 상대방에 의해 규정지어진 무형의 집합이거나 '적'을 지칭하는 명칭에 불과하다.

우리 사회의 대립을 이념 갈등으로 포장하는 것은 스스로의 행위를 정당화하기 위한 전략일 뿐이다. 어떤 사안에 대해 대립하면서 상대방을 '용공세력, 종북좌파'로 규정하는 순간, 나는 국가의 질서를 수호하는 애국자가 된다. 또 상대방을 '수구꼴통'으로 규정하는 순간, 나는 기득권의 사회 장악에 대항해 싸우는 선한 진보주의자가 된다. 대부분의 다툼이 이런 식이다. 이런 소모적인 싸움을 하는 동안 우리는 상식과 보편적 가치라는 소중한 것을 잃어버렸다. 그리고 법과 정부는 상식이 파괴되고 보편적인 가치가 무너지는 동안 아무런 역할을 못했다. 아니, 오히려 부추겼다.

이 혼란스러움의 틈바귀 속에서 어느 한쪽의 일방적인 지지를 얻은 법안들이 하나둘 태어난다. 한쪽을 폭도나 반국가세력으로 규정하는 순간, 그 반대편을 이롭게 하는 법률들은 옳은 것이 된다. 이런 잣대 속에서 그릇된 법률들이 태어나고 이 법률들은 사회를 더 큰 혼란 속으로 빠뜨린다. 악순환이 계속되는 것이다.

때로는 위법이 더 나은 내일을 만든다

　미국의 대통령을 지냈고 우리나라 사람들에게도 친근한 아이젠하워가 컬럼비아 대학교의 총장을 지내던 시절의 이야기다.
　학교 교정에 넓은 잔디밭이 있었다. 조경을 위해 만들어놓은 잔디밭이었기에 학생들의 출입을 금했다. 그런데 반대편 건물로 가기 위해서는 잔디밭을 빙 돌아서 가야 했기 때문에 학생들은 '잔디를 밟지 마시오'라는 푯말을 무시한 채 잔디밭을 가로질러 가고는 했다. 학생들의 출입이 잦아지자 그곳 잔디는 훼손되기 시작했다. 학교 정원사가 매일 고함을 지르고 푯말의 크기를 키워도 아무런 소용이 없었다.
　하루는 아이젠하워가 그 잔디밭을 지나가고 있는데 정원사가 다가왔다. 그는 아이젠하워에게 학생들이 잔디밭을 가로지르지 못하도록 규칙을 엄하게 만들어 달라고 했다. 아이젠하워가 정원사가 가리키는 쪽을 보니, 이미 그곳에는 희미한 길이 만들어져 있을 정도로 잔디가 훼손되어 있었다. 정원사가 재차 말했다.
　"제발 학생들이 다니지 않도록 지도해주세요."
　아이젠하워는 곰곰 생각에 잠겼다가 말했다.

"그러면 저 잔디밭을 가로지르는 길을 만들면 되겠군요."

그렇게 해서 잔디밭 한가운데에 길이 생겼고, 학생들은 당당하게 잔디밭을 가로지를 수 있게 되었다. 정원사 역시 더 이상 불평하지 않았다. 학교 교정을 이동하는 학생들을 편리하게 만들어준 그 길은, 규칙을 위반하는 행위가 쌓여서 만들어낸 것이었다.

군사독재 시절, 민주화를 외치며 경찰과 군인들에게 체포되고 구금되었던 사람들은 모두 '범법자'였다. 우리가 지금 이만큼이라도 민주적이고 공평한 사회에서 살게 된 것은 그때 '사회혼란'을 초래해서 투옥되고 목숨을 잃었던 '범법자'들 덕분이다. 때로는 범법행위와 위법이 쌓이고 쌓여 사회를 더 나은 방향으로 이끌고 더욱 훌륭한 법을 만들어낸다는 이 아이러니는 우리가 살아가는 사회에 '악법'이 존재한다는 사실을 반증하는 것이다.

지금 우리 사회에도 분명 악법이 존재한다. 법을 제대로 만들어야 하는 사람들이 자신들의 의무를 다하지 못하고, 기득권층은 이 부실한 입법 시스템 속에서 자신들의 독점적 권리를 보호하는 법을 만들고 있다. 또 법을 비즈니스로 만든 세력들은 자신들만의 커넥션을 조직하고 다수의 약자를 양산함으로써 권력을 장악하고 막대한 부를 축적한다. 우리는 어릴 때부터 법이 개인의 자유와 권리를 보장한다고 배워왔지만, 법은 소수의 강자들이 점유한 기득권을 보호하는 장치가 되기도 하는 것이다.

차라리 국방부가 불온서적을 지정한 것처럼 이 악법을 만드는 세력들이 단순하고 우둔했으면 좋겠다. 하지만 그들은 대단히 치밀하고 대단히 영리하다. 그래서 시민들은 악법이라는 벽돌로 만든 감옥의 벽이 점점 높아지며 자신을 둘러싸고 있다는 사실을 감지하지 못한다. 법에 무관심하고 법과 삶을 분리시키면 결국 우리는 부당한 힘에 짓눌리고 마는 것이다.

어떤 사람들은 '2등이라도 하자'는 생각으로 악법이 만든 테두리 안에서 안전하게 살아가는 것에 만족할지도 모른다. 또 어떤 사람은 더 나은 내일을 위해 악법(을 만드는 세력)에 맞서 지난한 싸움을 벌여야 할지도 모른다. 어떤 선택을 하든 그것은 그 사람의 자유이고, 그 사회의 자유다. 우리의 대중지성이 어떤 선택을 할지 확신할 수는 없지만, 명백한 것은 선택에 따른 결과 역시 우리의 몫이라는 점이다.

우리가 만들 세상을 위한 희망

지금까지 살펴본 것처럼 국회의 의원실과 법제실에서 얼렁뚱땅 급조해서 만든 법이라 할지라도 일단 국회를 통과하면 우리 법전에 버젓이 실리게 된다. 그러면 그 법조문의 의미를 보다 올바르게 해석하기 위해 법원과 학계의 수많은 사람들이 고민에 고민을 거듭한다. 잘못 만들어진 법이라도 어떻게든 국민들에게 이롭게 적용하려는 판사와 학자들이 적지 않은 것이다.

　법이 우리를 속일지라도 우리는 법을 떠나서 살 수 없다. 벌금 내지 않으려면 법을 지켜야 하고, 법이 만든 질서에 따라 세상이 변해 가는 것을 지켜보아야 한다. 악법에 대항해 싸우거나 악법의 질서에 편입되어 삶의 어떤 기회를 놓치고 살아가는 것보다 더 좋은 해결책이 있다. 애초에 악법이 만들어지지 않도록 관심을 갖고 감시하는 것이다.

　그러기 위해서 입법부는 법제 실무자들을 전문가로 구성하여 보다 체계적인 법을 만들어야 하고, 법이 만들어지는 과정을 더욱 투명하게 공개해야 한다. 법률이 제정되고 개정되며 폐지되는 과정에 참여한 사람들이 했던 발언과 의도를 꼼꼼하게 기록으로 남겨야 하고, 법제 과정에서 문제점으로 드러난 부분들에 대해서 어떻게 보완했는지에 대한 과정도 남겨야 한다. 실적 올리겠답시고 무분별하게 법안을 발의하고는 '처리할 업무가 많아서 법률안에 대해서 꼼꼼하게 심사하기 힘들다'는 말도 안 되는 변명은 제발 하지 말기를 바란다. 제대로 된 입법은 법을 많이 만드는 것이 아니라 법을 제대로 만드는 것이라는 사실을 명심해야 한다.

　이 책을 써나가는 동안 나는 우리나라에 잘못된 법이 많다는 사실에 대해 이전보다 훨씬 더 깊이 깨달았다. 만약 이 세상에 법을 다루는 절대적인 능력을 가진 신이 있다 해도 우리나라 법은 도대체 어디서부터 손을 대야 할지 몰라 두 손 두 발 다 들 것만 같다.

이렇게 부실한 법체계 속에서 '1%의 악법'이 탄생해서 '99%의 준법'을 강요한다.

그래도 나는 희망을 본다. 이전과는 비교할 수 없을 만큼 시민사회는 성숙했고, 정치적 함수와 논리가 아니라 정의와 양심의 소리에 따르는 정치인들도 증가하고 있다. 경색국면에도 정의의 논리에 따라 올바른 판단을 내리는 판사와 검사들도 아직은 멸종하지 않았다. 그리고 무엇보다도 현명한 국민들이 있다.

법이 정의를 실현하는 수단이라는 말, 법은 사회 구성원들이 합의한 약속이라는 말, 법이 개개인의 권리와 자유를 보장한다는 말, 법 앞에 만인은 평등하다는 말, 법은 선한 편에 서 있다는 말…… 이 말들이, 이 상식들이 오래지 않아 제자리를 찾아 복원될 것임을 믿는다. 노력한 만큼 돌아온다는 옛사람들의 말이 힘을 발휘하는 날이 올 것임을 믿는다. 착한 사람이 복을 누린다는 오랜 가르침이 세상을 관통하는 실제적인 가치가 될 것임을 믿는다. 그리고 국회가, 국회의원이 우리 국민의 편이라는 사실을 믿는다.

우리에게 그런 보편적인 가치가 실현되는 세상을 만들 힘이 있음을 믿는다.

그래도 나는 법에게 희망을 걸어본다

국가가 자기 스스로를 법의 척도로 삼고,
국가의 의사를 정의와 혼동할 때에는
이미 법은 존재하지 않는다.

_자크 엘륄 Jacques Ellul, 1912~1994

책을 마치며

 어쩌면 나는 '이 책'을 만들려고 했던 것이 아닌지도 모른다.

 법을 공부하고 가르치면서, 우리 법전에 원칙과 상식에 어긋나는 법이 너무나도 많다는 사실을 발견할 때마다 참으로 두렵고 슬펐다. 법이 극소수의 사람들에게 편파적으로 힘을 실어주고 또 선량한 시민을 범죄자로 만들 수 있다는 사실이 두려웠고, 원칙과 상식에 어긋나는 줄 알면서도 제자들에게 그것을 가르쳐야 한다는 현실이 슬펐다. 이 두려움과 슬픔이 이 책을 쓰게 만들었지만, 사실 내가 처음 생각했던 책은 '이것'이 아니었다.

 법이 가지고 있는 양면성을 알리고, 어떤 법은 오히려 범죄를 유발할 수 있다는 사실을 전하고 싶었을 뿐이다. 그 정도야 뭐 법 전공한 사람으로서 법을 잘 모르는 사람들에게 할 수 있는 공식적인 서비스니까. 그런데 책의 원고를 더해가면서 문제의식이 깊어진 탓인지, 원고의 방향이 처음에 의도했던 것과는 전혀 다른 곳으로 향하기 시작했다. 그것은 참으로 통제 불가능한 '의지'였다.

마음속에 묻어두었던, 밖으로 드러내고 싶지 않았던, 다른 사람에게 말하면 위험해질 수도 있는 기억과 경험들이 되살아나기 시작했다. 그러면서 이렇게 스스로에게 묻고는 했다. '네 기억을 믿을 수 있니?'라고. 그렇게 조심조심 마음을 졸이면서 한 글자 한 글자 가슴에 새겼다. 이 책에 쓰인 글들은 컴퓨터 워드프로세서로 옮겨지기 전에 먼저 가슴에 적은 것들이었다. 법을 다루는 학자는 냉철한 이성을 놓치지 말아야 하건만, 이 책을 쓰는 동안 나를 움직인 것은 8할이 심장이었다.

이 책을 세상에 내보내면서, 남들 다 아는 이야기를 한 것뿐인데도 나는 조금 두렵다. 세상에는 알면서도 모르는 척하고 살아가야 하는 것들이 있다. 법 역시 그중 하나다. 이 책을 통해 단 한 사람이라도 더 제대로 된 시각으로 법을 바라볼 수 있게 된다면 저자로서 그보다 더 큰 기쁨이 없을 것이다.

수업시간에 맑은 눈망울로 나의 말에 귀 기울이는 학생들을 보며 희망을 품는다. 그 학생들이 자라 이 나라의 법체계를 바로 세우고 법의 정의를 실현하게 될 것이라고 믿으며, 나는 앞으로도 법을 가르칠 것이다.

책을 마치며

"내 머리 위 별이 빛나는 하늘과 내 안의 도덕법칙."

칸트는 어떤 마음으로 이 말을 하게 되었을까? 지금 이 순간 가슴에서 이 말이 뜨겁게 올라온다.

이제 그만 컴퓨터를 끄고 나는 나를 기다리는 학생들을 만나러 간다. 오늘 수업에서 나는 또 열심히 그 아이들과 이야기를 나눌 것이다. 어쩌면 오늘 저녁 나는 다시 컴퓨터 앞으로 돌아와 분노에 차서 글을 쓰게 될지도 모른다.

언젠가는, 언젠가는 반드시 "여러분, 법은 아름답습니다. 법은 당신을 위한 것입니다"라고 말하는 그날이 오리라고 믿는다.

이 책을 읽으면서 어떤 분들은 내가 독일의 법을 우상화하고 숭배하고 있다고 비판할지도 모른다. 결코 그런 의도는 없다. 독일이 모든 면에서 우리보다 우수하다는 뜻이 아니라, 법에 관한 긍지와 법을 사랑하는 독일 국민들의 마음이 부러웠다는 사실을 말하고 싶었을 뿐이고, 다른 나라 국민들의 장점을 배우자는 순수한 의도였음을 알아주길 바란다.

사실 이 책은 내 이야기를 들어주던 '동네 주민' 백종민 사장님의 아이디어에서 시작되었다. 어느 작은 법학자의 중얼거림과 투덜거림을 책으로 만들어 세상에 나올 수 있게 해준 백종민 사장님의 지혜와 용기에 박수를 보내고 싶다. 그리고 든든한 오빠들처럼 처음부터 끝까지 함께 걸어준 정인회 주간님과 이양훈 님께는, 그들이 있어서 행복하다는 말을 전하고 싶다.

원고를 시작하고 마무리한 처음부터 끝까지 나의 엉뚱한 이야기에 귀 기울여주고 함께 토론해주었으며 나무처럼 내 곁을 지키는 남편 김재준에게 감사한다. 내가 한 꼭지의 글을 완성할 때마다 가장 기뻐하면서도 날카로운 비판을 서슴지 않았던 영원한 나의 지지자 어머니께도 고마움을 전한다. 독일에서 귀찮을 만큼 많은 질문을 해대는 나에게 가족처럼 다정하게 곁에서 답해주던 친구들, Berit과 Antje 그리고 지도교수님은 아니었지만 매주 나에게 독일의 풍습과 도덕성에 대한 이야기를 아버지처럼 자상하게 들려주신 독일의 저명한 법역사학자 Lingelbach 교수님께도 감사의 마음을 전한다. 이들은 힘든 독일 생활을 버티게 해준 햇살 같은 존재들이었다. 비록 한글로 썼기에 이 책을 읽지는 못하겠지만, 이 지면에 이들의 이름을 남기고 싶다.

그리고 이 책이 나오기까지 비판과 격려를 아끼지 않았던 이름조차 알지 못하는 평가자와 독자교정단 여러분과 내가 힘들 때마다 '파이팅!'을 외쳐준 나의 제자들인 수현, 창국, 경희, 준병, 경현, 승기, 향림, 그리고 내 곁을 지켜주는 나의 제자들에게도 진심으로 감사하다는 말을 전하고 싶다.

언제나 내 편이 되어주시고 나를 격려해주시며 이 책이 완성되기까지 긴 시간 동안 함께해주신 박영규 교수님은 공동저자라는 의미를 넘어 내게는 어버이 같은 분이시고 훌륭한 멘토이시다. 박영규 교수님이 아니었다면 이 책의 마침표를 찍지 못했을 것이다. 교수님께는 감사함 그 이상의 마음을 전하고 싶다.

  한 가지 안타까운 것은 이 책에 쓴 내용들이 내가 보고 듣고 체험한 것들의 1%에 불과하다는 사실이다. 책에 담지 못하고 이야기하지 못한 99%의 이야기가 아직도 내 가슴을 누르고 있기에 나는 시원함보다는 답답한 마음이 더욱 크다. 하지만 내가 시작했으니, 누군가가 바통을 이어 받아 더욱 힘차게 달려줄 것이라 믿는다.

  끝으로 이 책을 읽어주시는 독자들에게 진심으로 감사의 마음을 전해드린다.

2012년 9월, 류여해

Appendix

법은 어떻게 만들어지는가

독자 여러분께서 법이 만들어지는 과정의 큰 그림이나마 머릿속에 그릴 수 있도록 여기에 입법 과정을 간략하게 옮긴다.

1. 누가 법을 만드는가

대한민국 「헌법」은 제40조에 '입법권은 국회에 속한다'라고 명시하여 법을 만드는 권한이 국회에 있음을 선언하고 있다. 그러나 「헌법」 제52조에 보면 '국회의원과 정부는 법률안을 제출할 수 있다'라고 하여 정부도 입법에 참여할 수 있도록 하고 있다. 따라서 「헌법」으로 입법 권한을 보장하는 기관은 국회와 정부다.

입법立法을 반드시 '법을 만드는 것'이라고 정의할 수는 없다. 왜냐하면 입법이라고 하는 것은 법을 새롭게 만드는 것제정뿐만 아니라, 법률의 조문을 수정하는 것개정과 기존의 법을 없애는 것폐지까지도 포함하기 때문이다. 따라서 법 제정과 개정, 폐지 모두가 입법 행위가 된다.

법안을 누가 제안하느냐에 따라 법률안의 명칭을 달리하는데, 국회에서 제안하는 법률안은 '의원발의법률안'이라고 하고, 정부에서 제안하는 법률안은 '정부제출법률안'이라고 부른다. 그리고 국회에서 제안하는 법률안은 법안을 제안하는 주체의 성격에 따라 다시 '의원발의법률안'과 '위원회제안법률안'으로 구분하여 부르지만, 정부의 입법 활동과 비교하여 국회의 입법 활동을 설명할 때는 이 둘 모두를 '의원발의법률안'이라고 대표하여 부른다.

그럼 국회의 입법 과정을 살펴보자.

2. 법은 어떻게 만들어지는가

(1) 의원발의법률안이 발의되는 유형

국회에서 법안을 발의하는 경로는 크게 다섯 가지로 분류할 수 있다.

① 국회의원이 직접 기초하는 경우
② 정부 또는 제3자가 기초하여 제공하는 안을 근간으로 국회의원이 입안하여 제출하는 경우
③ 정부가 마련한 안을 국회의원을 통하여 제출하는 경우
④ 어떤 사안과 관련된 연구원 및 단체 등이 마련한 법률 초안을 국회의원을 통하여 제출하는 경우

⑤ 정당의 정책실무부서에서 입안한 법률안을 국회의원이 당내 절차를 거쳐 제출하는 경우

기초
기초라는 말에는 '글의 초안을 잡는 것[起草]' 또는 '사물이나 일 따위의 기본이 되는 토대[基礎]'라는 뜻이 있다. 입법 과정에서는 관행적으로 '기초하다'라는 말을 자주 쓰는데, 두 가지 뜻으로 해석할 수 있다. 하나는 '처음 아이디어를 떠올려서 구체화하다'라는 뜻이고, 다른 하나는 '다소 거친 형태의 것을 어떤 양식에 맞게 정리하다'이다.

이와 같이 특정 분야에 관심이 높은 국회의원 개인이 입법을 추진하는 경우도 있지만, 어떤 법을 새롭게 만들거나 내용을 수정하고, 또 없애는 것이 필요하다고 보는 정부기관과 단체, 소속 정당 등의 의견과 생각을 국회의원이 받아들여 입법을 추진하는 경우도 있다. 이때 국민의 일상과 관련성이 높은 법률안에 대해서는 다양한 의견을 수렴하기 위해서 세미나와 공청회 등을 개최하기도 한다.

(2) 법률안을 만드는 과정

대개의 국회의원은 입법을 추진하고자 하는 법률안을 명문화하는 작업을 법제실무자에게 의뢰한다. 이때 보좌관 등 개인 참모에게 지시하거나 외부의 전문가에게 의뢰할 수도 있지만, 국회 내 의원들의 입법 활동을 지원하기 위해 마련된 법제실에 의뢰하는 것이 일반적이다.

국회사무처 소속의 법제실에는 법제업무를 전문으로 하는 법제 관계약직 변호사·법학박사 포함이 배치되어 국회의원의 입법 활동을 지원하고 각종 자료를 제공하고 있다.

국회의원이 법제실에 입안 의뢰를 했을 때는 다음과 같은 과정을 거치게 된다.

① 법률안 의뢰

국회의원은 입법하고자 하는 내용이 포함된 입법요강이나 법률안 초안을 작성하여 이를 법률안 입안의뢰서와 함께 법제실에 제출한다.

② 기초팀 구성

여기서 말하는 기초란, '법률안의 타당성 여부를 심사하여 법률 양식에 맞게 정리하는 것'이라고 할 수 있다. 국회의원이 입안을 의뢰하면 법제실에서는 법제관 여러 사람이 공동으로 팀을 구성하고 그 법률안이 현실에 미칠 수 있는 영향 등을 고려하여 법률안을 기초한다. 이 과정에서 입법 내용면에서 전문 지식을 갖춘 사람과 입법 기술면에서 경험과 지식을 갖춘 사람이 의견을 교환하여 가장 적절한 대안을 선택하면서 입안에 참여한다.

③ 법률안의 입법 취지와 문제점 분석

법제관은 법률안의 기초작업을 의뢰한 국회의원이 의도하는 목적과 내용을 정확히 파악해야 한다. 내용을 파악하고 나서 의뢰된 법률안에 문제점이 있을 시에는 최적의 대안을 모색한다. 이 과정에서 법제실무자인 법제관 등은 법률안의 기초를 의뢰한 의원 또는 의원 보좌관과 수시로 협의한다.

④ 입법자료 수집

입법이 훌륭하게 완수되기 위해서는 입법자료를 충분히 확보해야 한다. 이를 위해 법제관 등은 관련 법률을 전반적으로 검토하고, 외국의 입법례, 전문가의 의견 등을 수집하여 법률안에 반영한다.

⑤ 법률안의 요강과 분석서 작성

법제관은 입안 과정의 효율성을 높이기 위해, 제정 또는 개정하고자 하는 법률안에 수록해야 할 조문 전체에 대해서 요강과 분석서를 작성한다. 우선 제·개정하고자 하는 법률안의 장, 절, 조문만을 순서별로 별지에 배치하여 법률안의 요강을 만들고, 개개의 내용은 조문별로 별지로 분석한 뒤 이를 모두 합하는 방식으로 요강 및 분석서를 작성한다.

> **법과 법률**
> 법에는 법률, 명령, 규칙, 조례 등이 포함된다. 조례는 지방자치단체가 지방의회의 의결을 거쳐 그 지방의 사무에 관해서 제정한 법이다. 규칙은 입법, 사법, 행정의 각 부에서 제정하는 것으로, 국회인사규칙, 감사원사무처리규칙 등이 있다. 명령은 헌법과 법률에 입각하여 대통령과 정부가 제정한 법으로, 대통령령과 시행령 등이 있다. 명령, 규칙 등 대통령과 정부가 제정하는 법과 구분하여 의회(국회)의 의결을 거친 법규범을 특별히 법률이라고 부른다. 일반적으로 법과 법률을 혼동해서 사용하는데, 엄밀히 말해서 법률은 법에 포함되는 부분집합이라고 할 수 있다.

⑥ 초안의 작성

법률은 특정한 의미를 가진 문자와 문장을 매개로 하여 표현하는 것이므로 법문은 입법자의 의도가 정확하게 표시되어야 하고, 법률안의 형식이나 내용이 일정한 기준에 맞아야 하며, 일반 국민이 이해하기 쉽도록 작성해야 한다.

⑦ 초안의 검토와 수정

법률안 초안이 작성되면 조문을 검토한다. 항별로 표현된 내용이 통일되었는지 확인하고, 오탈자를 점검하며, 다른 조문을 인용한 경우 그 내용의 정확성을 파악한다. 또한 타 법률과 서로 부딪치거나 법이 목표로 하는 원칙에 어긋나지 않는지도 확인한다. 이 과정을 거쳐 작성된 초안은 관계기관, 전문가 또는 이해관계인 등에게 회람시켜 수정이 필요한 부분이 있으면 보완한다.

⑧ 입안 의뢰한 의원에게 제공

위의 절차를 거쳐 작성된 법률안은 법제실 내부의 결재를 거쳐 최초 입안을 의뢰한 국회의원에게 제공한다. 이 과정에서 법률안을 정리한 담당 법제관이 입안을 의뢰한 의원에게 법률안의 내용을 설명하기도 한다.

(3) 국회 제출

법률안을 발의하는 국회의원은 그 법률안의 발의에 찬성하는 10인 이상 발의자 포함의 서명을 받아 법률안 제출공문과 서명용지, 법률안 3부를 첨부하여 의장 의사국 의안과에게 제출한다. 이때 법률안을 제안하는 이유와 주요 내용을 정확하고 간결하게 정리하며, 개정 법률안의 경우에는 신·구 조문 대비표를 첨부하고, 예산이 필요한 법률안에 대해서는 예산명세서 역시 첨부한다.

3. 국회에 상정된 법률안은 어떻게 처리되는가

국회는 국회의원을 각 전문 분야별로 나누어 조직한 16개의 상임위원회와 2개의 상설 특별위원회를 두고 있다. 16개의 상임위원회에는 정부 15개 부처의 소관 사항을 심의하는 13개의 상임위원회와 국회운영위원회, 법제사법위원회, 정무위원회가 있고, 상설 특별위원회에는 예산결산특별위원회와 윤리특별위원회가 있다. 그리고 이 외에 각 상임위원회의 소관에 해당하지 않거나 특정한 안건에 대하여 특별히 위원회를 구성할 필요가 있을 때 국회는 별도의 특별위원회를 구성한다.

① 국회에 제출된 법률안은 그 법률안의 내용을 담당하는 소관 상임위원회나 특별위원회에 회부된다. ② 위원회에서는 법안 발의자 또는 제출자의 제안 설명, 전문위원의 검토와 보고, 대체토론, 상설 소위원회 심사, 축조심사, 찬반토론, 표결을 거친다. ③ 여기에서 가결된 법안은 국회 상임위원회인 법제사법위원회에 회부되어 다시 심사를 거친다. ④ 법제사법위원회를 거친 법률안에 대해 소관 위원

회에서는 심사보고서를 작성하여 국회의장에게 제출한다. ⑤ 정부 조직에 관한 법률안, 조세 또는 국민에게 부담을 줄 수 있는 법률안, 파병 동의안과 같은 주요 의안은 본회의에 상정하기 전이나 후, 재적의원 4분의 1 이상의 요구가 있을 때 국회의원 전원이 참석하는 전원위원회를 열어 심의할 수 있다. ⑥ 이상의 절차를 거쳐 본회의에 회부된 법률안은 재적의원 과반수의 출석과 출석의원 과반수의 찬성으로 의결한다. 찬성과 반대가 같은 수일 때는 부결된 것으로 본다.

4. 법률은 누가, 언제, 어떻게 공포하는가

국회에서 의결된 법률안은 정부에 이송된다. 그러면 대통령은 법률안을 15일 이내에 공포해야 한다. 법률 공포는 관보에 게재하는 방법으로 이루어진다. 예전에는 신문 형태의 관보를 발행하였으나 오늘날에는 전자관보 gwanbo.korea.go.kr를 주로 활용하고 있다.

단, 국회로부터 이송되어 온 법률안에 대해서 대통령이 이의를 제기할 때는 이송되어 온 지 15일 이내에 이의서를 붙여 국회로 돌려보내고 재의결을 요구할 수 있다. 이렇게 재의결을 하도록 요구된 법률안은 위원회의 심사를 거치지 않고 본회의에 곧바로 상정되며, 국회에서 재적의원 과반수의 출석과 출석의원 3분의 2 이상의 찬성으로 가결되면 법률로 확정된다. 확정된 법률이 정부로 이송되면 대통령은 5일 이내에 이를 공포해야 한다.

확정된 법률에 대하여 대통령이 기일 내에 공포하지 않을 경우에는 국회의장이 공포기일이 경과한 날로부터 5일 이내에 공포하고 대통령에게 통지한다.

5. 확정된 법률은 언제부터 효력이 발생되는가

확정된 법률은 부칙에서 정하고 있는 시행일에 효력이 발생된다. 그러나 법률에 특별한 규정이 없을 때는 공포한 날부터 20일이 경과한 뒤 효력이 발생된다.

6. 위원회제안법률안과 정부제출법률안은 어떻게 처리되는가

국회의 위원회제안법률안과 정부의 정부제출법률안은 앞서 살펴본 의원발의법률안과는 다른 심의 과정을 거쳐서 국회의장에게 제출되지만, 국회의장에게 제출된 뒤에는 의원발의법률안과 거의 유사한 심의 과정을 거쳐 본회의에 회부되고 의결된다. 그리고 법률로서 효력이 발생되는 과정 역시 같은 절차를 밟는다. 따라서 의원발의법률안, 위원회제안법률안, 정부제출법률안 모두 법률안을 제출하는 주체는 각각 다를 수 있으나, 최종 의결은 국회에서 이루어진다. 대한민국「헌법」에 '입법권은 국회에 속한다'는 조문은 입법에 관한 최종 의결권이 국회에 있음을 나타내는 것이다.

독자교정단으로 참여해주신 분들께 감사드립니다.

고영우 김경현 김경희 노명재 노민다르 문창국 박해준 성우창 손권 양향림
오명원 우종운 이승기 이승남 이정현 이진호 이효종 정승준 정찬건 조수현
채준병 홍혜미

당신을 위한 법은 없다
범죄 유발성 형법과 법의 유통 권력자들

초판 1쇄 찍은 날 2012년 10월 5일
초판 1쇄 펴낸 날 2012년 10월 15일

지은이	박영규 · 류여해
펴낸이	백종민
주간	정인회
편집	이양훈 · 최새미나 · 김지혜
디자인	홍상만(네오이크)
마케팅	임동건 · 서동진 · 김지수
관리	장희정 · 김가람
펴낸곳	꿈결
등록	2011년 12월 1일 (제318-2011-000145호)
주소	서울시 영등포구 당산로 50길 3 꿈을담은빌딩 6F
대표 전화	1544-6533
팩스	02) 749-4151
홈페이지	www.ggumtl.co.kr
블로그	blog.naver.com/ggumgyeol
이메일	ggumgyeol@naver.com

ⓒ 박영규, 류여해 2012

ISBN 978-89-967831-7-6 03360

- 이 책은 저작권법에 따라 보호받는 저작물이므로, 저작자와 출판사 양측의 허락 없이는
  일부 혹은 전체를 인용하거나 옮겨 실을 수 없습니다.
- 잘못된 책은 구입한 서점에서 바꿔 드립니다.

꿈결은 (주)꿈을담는틀의 단행본 브랜드입니다.